키이스 존스톤의
씨어터스포츠™ 가이드

 **International Theatresports Institute**

표지 사진:
떼아뜨로 아 몰라 - 이태리 볼로냐
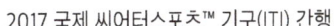 지안루카 자니보니

다음 쪽 사진:
극단 프로젝트 티 - 한국 서울
📷 김현희

2017 국제 씨어터스포츠™ 기구(ITI) 간행

215 - 36 Avenue NE, Unit 6 ｜ Calgary, AB ｜ T2E 2L4 ｜ CANADA

Copyright © 2017 ITI

이 안내서는 원래 ITI로 부터 공연권을 받은 회원 단체에게만 무료로 배부되었으나
이제 비회원들도 이용할 수 있습니다.

이 안내서를 갖고 있다는 것이 결코 그 단체가 공연권을 보유하고 있음을 의미하지 않습니다.
씨어터스포츠 포맷의 공연권을 얻기 원하는 단체는 다음의 메일주소로 연락하십시오.
admin@theatresports.org.

번역 : 이상욱, 극단 프로젝트 티 대표/연출
문서 디자인 : Dagmar Bauer konzipiert & gestaltet, Stuttgart, Germany
삽화 : Illustrations by fotolia.com

목 차

8 소개
8 이 안내서에 대해
9 키이스 존스톤
10 자료
10 국제 씨어터스포츠™ 기구(ITI)

12 씨어터스포츠™의 배경
12 씨어터스포츠™란?
12 씨어터스포츠™의 기원
13 씨어터스포츠™의 세계적인 부흥
15 씨어터스포츠™를 통해 얻을 수 있는 것
15 씨어터스포츠™의 내용

16 중요 컨셉
16 시작하기 전에 알아야 할 것
16 정신
17 실패
18 팀웍
18 짖궂게 굴기
19 기량
20 용어

22 자 시작합시다!
22 어느새 씨어터스포츠™를??
22 속성 학습
23 씨어터스포츠™를 위한 기본 준비물
23 씨어터스포츠™ 공연
24 10분 경기
25 자유 즉흥
25 덴마크 방식
26 정식 도전 경기
27 다양성

28 씨어터스포츠™를 더 알아보자
28 재앙을 피할 순 없다
28 공연의 시작
29 해설자
29 경쟁
30 팀
30 팀 입장
31 팀 벤치에 앉기
31 무대에서 내려올 때
32 심판
33 심판 입장
33 단호박 심판
34 경적
37 바구니
37 점수 매기기와 점수판
38 공평
38 도전
41 승리 상품
41 키이스의 조언

42 그 밖의 것들
42 무대 장치
43 공연 코멘트
44 게임 목록

46 끝맺기
46 마지막 인사
46 더 많은 정보

소개

이 안내서에 대해

우리는 이 안내서가 씨어터스포츠™를 어떻게 공연하는지에 대한 자료로써, 여러분들에게 유용한 정보와 영감을 줄 수 있길 바랍니다.

이 안내서는 씨어터스포츠™를 막 시작한 그룹에게는 도움을, 제대로 하고 있는지 확신이 없는 그룹에게는 방향을, 오랫동안 해온 그룹에게는 자신들의 진행과 발전을 점검할 확인점을 주고자 제작되었습니다.

여러분은 여기서 씨어터스포츠™의 역사, 공연에 필요한 실기적인 역량, 이 공연 컨셉에 깃든 정신과 이론, 공연의 구조와 공연을 이루는 요소, 그리고 이것들이 어떻게 하나로 통합되는가에 대해 정보를 얻을 것입니다. 또한, 여러분은 유익한 키이스 존스톤의 경구들, 그룹과 토의해봄직한 제안, 공연을 성공적으로, 무엇보다 즐겁게 하기 위한 흥미로운 메모들을 발견할 겁니다.

본 가이드의 많은 내용은 키이스 존스톤의 수업, 편지, 저작(그의 책 Impro For Storytellers 중 씨어터스포츠에 관한 글) 그리고 개인적인 대화에서 직접 인용한 것입니다. 부가적으로는 씨어터스포츠™를 수 십년간 해오고 키이스와 40년 이상 함께 작업해 온 즉흥 연기자들의 이야기와 조언도 있습니다. 그들 중 일부는 국제 씨어터스포츠 기구 위원회(ITI)의 멤버로 일했거나 현재 일하고 있는 사람들입니다.

밴쿠버 씨어터스포츠 - 캐나다 (약 1982)

즉흥에 관한 통찰들도 담겨 있지만, 이 책은 주로 씨어터스포츠™에 초점을 두고 있습니다. 우리는 여러분이, 아래에 제시된 것처럼, 실력있는 교사들과 여러 자료를 활용해 여러분의 즉흥 실력을 꾸준히 향상시킬 것을 권합니다:

책

즉흥 연기, 키이스 존스톤 지음, 지호
(여러 나라에 번역되어 있음)
IMPRO FOR STORYTELLERS 스토리텔러를 위한 즉흥
(국내에 아직 번역되지 않았음)
http://www.keithjohnstone.com/writing/
http://theatresports.com/keiths-books/

DVD

Impro Transformations
Trance Masks
keithjohnstone.com/video/
theatresports.com/dvds-on-keith/

워크샵

키이스 존스톤 즉흥 인텐시브
keithjohnstone.com
루스무스 씨어터 국제 여름 학교
loosemoose.com
ITI 추천 교사 리스트
theatresports.com/teachers/
ITI 회원 극단(일부는 훈련 프로그램을 갖고 있음)
theatresports.org/our-members/

씨어터스포츠의 세계로 들어오신 걸 환영합니다! 1977년 이래 전 세계 수 많은 사람들이 발견해 온 이 포맷의 재미, 영감, 그리고 무궁한 잠재력을 여러분도 발견하길 기원합니다!

ITI - 즉흥 연기자들에게 영감을!

아셨나요?
남극을 제외한 지구 모든 대륙 60개 이상의 나라에서 씨어터스포츠™를 해왔다는 걸?

키이스 존스톤

즉흥 연기자로서, 당신이 할 일은 항상 성공하기 위해 노력 하는 것이 아니다. 기적을 찾으며 위험한 행동을 연기하는 것이다.

최선을 다하지 마라. 다른 사람이 멋있게 보이도록 하라. 그러면 당신도 멋있게 보일 것이다.

실수하고 즐거워하라.

키이스 존스톤

키이스 존스톤은 1933년에 영국 데본에서 태어났다. 그는 자라면서 학교가 자신의 상상력을 무디게 만든다는 걸 발견하고 학교에 대한 환상을 버리게 되었다. 로열 코트 극장에서 희곡 한편 의뢰 받은 걸 계기로 1956년에서 1966년까지 그곳에서 희곡 심사, 드라마 교사, 연출가로 일했고 마지막에는 협력 연출가로 활동하였다. 그는 학교 교육이 자신의 상상력에 준 영향에 대해 질문을 던지기 시작했고, 더 자발적인 배우를 만들기 위해, 학교에서 선생님께 배운 것과 정반대로 탐구하기 시작했다. 작가들이 장애물을 극복하게 하고, 배우들이 더 자발적으로 연기하게 해주는 일련의 즉흥 훈련을 개발해 낸 것도 이때다. 그는 1960년대에 씨어터 머쉰이라는 즉흥 그룹을 조직했다. 이 팀은 유럽과 북미에 투어 공연을 다녔고 캐나다 정부의 초청으로 엑스포 67에서도 공연했다. 키이스는 1970년대에 캐나다 알버타의 캘거리로 이주하여 1977년에 루스 무스 씨어터를 공동창단 하였다.

키이스는 즉흥 시스템과, 고릴라 씨어터™, 마에스트로 임프로™, 라이프 게임™ 그리고 씨어터스포츠™같은 즉흥 공연을 창안했다. 그는 캘거리 대학의 명예교수이다. 독일에서 그의 책(즉흥 연기와 스토리텔러를 위한 즉흥)은 스타니슬랍스키의 책보다 더 많이 팔린다. 그는 어린이극 작가이자 단편, 장편 희곡 작가이고 그의 희곡은 유럽, 북미, 아프리카 그리고 남아메리카에서 공연되어 왔다.

스탠포드 대학은 키이스 존스톤의 원작 희곡, 저작, 서신, 연극 관련 투고, 논문, 삽화 등을 모아둔 곳이다. 정확히는, 즉흥 연기와 스토리텔러를 위한 즉흥의 초기 원고(씨어터스포츠™의 초기 글과 원고를 포함하여),키이스 원작 희곡 중 몇 편, 편지(델 클로즈, 피터 코요테, 사무엘 베케트, 해롤드 핀터, 안토니 스털링, 로얄 코트 극장 동료, 씨어터 머신 멤버 등이 그에게 보낸)들이다. 여기에는 키이스의 초기 단편 소설들, 로얄 코트, 씨어터 머신, 루스무스 씨어터 시절의 문서와 뉴스 클립, 비평, 팜플렛, 사진, 포스터 등이 포함된다.

※ 소개

자료

전기적 정보
Keith Johnstone -
A Critical Biography by Theresa Robbins Dudeck

키이스 존스톤의 글
키이스 존스톤의 글이나 작품에 관해서는 그의 문헌 담당자인 Theresa Robbins Dudeck에게 문의
trdudeck@gmail.com
theresarobbinsdudeck.com

> 키이스 존스톤
> 연극을 놀이(playing)라고 하잖아. 연기는 노는거야(play)야. 배우는 노는 사람(player)이고. 이걸 생각해봐.

국제 씨어터스포츠™기구(ITI)

1998년에 국제 씨어터스포츠™ 기구(ITI)가 창립되었다. 이는 민주적인 기구로, 키이스 존스톤이 자신의 포맷인 씨어터스포츠™의 관리를 위탁한 곳이다. ITI는 키이스 존스톤의 포맷에 대한 열정을 공유하는 개인과 단체들의 회원 연합이다.

ITI의 목적은:
1. 키이스 존스톤 포맷에 대한 국제적인 명망을 갖는 권위체로 지속한다: 씨어터스포츠™, 고릴라 씨어터™, 마에스트로 임프로™.
2. 회원들 간의 활발하고 참여적인 정보 공유의 공동체를 창조한다.

씨어터스포츠™, 마에스트로 임프로™, 고릴라 씨어터™를 공연하기 원하는 팀은 공연권을 신청하고 승인 받아야 한다. 공연권은 매우 저렴하고 GDP가 낮은 국가에는 할인이 적용된다. 학교에서 공연할 경우도 저작권을 획득해야 하나 비용은 청구되지 않는다. ITI는 이들 그룹에 대해 저작권을 관리하고 즉흥 훈련과 배움을 위한 자료를 제공한다. 공연권료는 ITI로 들어가 ITI 운영과 회원 지원 비용으로 사용된다. 키이스 존스톤은 씨어터스포츠™ 로열티를 본인이 가져가는 것에 대해 항상 거절해왔다. 씨어터스포츠™ 저작료는 ITI와 공연권을 받은 그룹들의 발전과 봉사를 위해 모두 사용된다.

ITI는 여러분을 돕고, 여러분의 질문에 대답하기 위해 존재합니다. 키이스의 저작, 즉흥 테크닉, 게임, 씨어터스포츠™공연의 사용에 관한 질문이라면 주저말고 문의해주세요:
admin@theatresports.org.

씨어터스포츠™는 즉흥 연극 최초의 국제적 교류 형식이다. 세계 여러 나라의 단체들이 처음으로 씨어터스포츠라는 공통 언어로 말하게 된 것이다.
**랜디 딕슨 - 미국 씨애틀
언익스펙티드 프러덕션즈**

극단 프로젝트 티 - 한국 서울
김현희

씨어터 스포츠™의 배경

씨어터스포츠™란?

임프로가이즈 - 남아프리카 공화국 케이프타운
📷 캔디스 폰 리젠버그

씨어터스포츠™는 즉흥 바탕의 연극 포맷으로 키이스 존스톤의 예술 창작물이다. 이는 공연자와 관객을 즐겁게 하고 교육한다. 표면적으로는 프로레슬링같이 실제 하지 않는 싸움을 실제하는 것처럼 보여주는 '연극 경연'이다. 관객의 눈에는 배우들이 이기기 위해 치열하게 싸우는 것처럼 보이지만, 그 내면에서는 연기, 스토리텔링, 그리고 협동을 통해, 함께 흥미롭고 역동적인 연극 경험을 창조하는 장르이다. 씨어터스포츠™는 웃음, 눈물 그리고 스포츠 이벤트 스타일의 환호를 일으키고, 관객을 생각하게 만든다: 이 모든 것을 관객을 즐겁게 하며, 관객과 함께 한다.

씨어터스포츠™의 기원

루스 무스 씨어터
캐나다 캘거리
(약 1981)
📷 드보라 아이오지

루스 무스 씨어터
캐나다 캘거리
(약 1981)
📷 드보라 아이오지

키이스 존스톤 스토리텔러를 위한 즉흥 1/2쪽

씨어터스포츠™는 프로레슬링에서 영감을 받았다. 이 경기는 영화관(스크린 앞)에서 벌어졌고 고통의 표현을 모두 드러내어 보여줬기 때문에 이걸 진짜라고 믿을 연극인은 아마 없었을 것이다. 레슬링은 내가 본 유일한 노동자 계급의 연극 형식이었고, 관객 간의 고조된 열기는 뭔가 내가 열망하던 것이었다. 하지만 난 정극에서 이런 걸 얻지 못 했다.

우리는 레슬러를 즉흥 연기자로 바꾸는 환상을 갖고 있었다. 그러나 무대에서 하는 모든 동작과 말을 채임벌린 경에게 검열받아야 하는 현실에서 이는 불가능한 꿈이었다.

우리에게 자유가 없다는 사실로, 우리를 방문한 러시아인들이 우릴 위로했던 건 당혹스러운 일이었.

나는 사람들에게 코메디를 가르치고 있었는데, 채임벌린 경은 이 '벌레든 깡통'을 여는 걸 주저했다. 씨어터스포츠™ - 두 그룹의 즉흥 연기자들이 경쟁하는 -는 교육적으로 여겨질 수 없었고 내가 캐나다로 오기전까지 이건 그냥 내 즉흥 수업을 활발하게 만들어주는 도구였다.

씨어터스포츠™의 세계적인 부흥

1950년대말 키이스는 로열 코트 극장에서 수업을 하며 씨어터스포츠™의 기본을 탐구하였고, 60년대에는 자기 팀 씨어터 머쉰과 유럽을 돌며 테스트하였다. 우리가 지금 아는 형태로 씨어터스포츠™가 처음 공연된 건 1977년이었는데, 그들이 바로 나중에 캐나다 캘거리 AB에서 루스 무스 씨어터를 만든 일단의 대학생들이다. 그 팀은 곧바로 파란을 일으켰다. 관객들은 자기가 보는 걸 믿을 수 없었고 겁없는 연기자들은 엄청난 모험을 감행하며 무에서 공연을 창조하였다. 이 공연의 에너지는 전율이 일 정도였고 티켓은 매진 행렬이었다. 이 새로운 공연에 대한 이야기가 퍼지기 시작했고 씨어터스포츠™ 단체가 여기저기서 생겨나기 시작했다. 키이스가 국제적인 평판을 얻고 세계를 돌며 가르치게 되자, 이 포맷은 더 확산되었고 곧 루스 무스 씨어터는 키이스로부터, 그리고 씨어터스포츠™에 대해, 더 배우고 싶어하는 세계 도처의 사람들을 맞게 되었다. 이들 중 많은 이들이 씨어터스포츠™를 자기 나라로 가져가 씨어터스포츠™를 퍼트렸다.

아주 빠르게 열광적으로 퍼져나가는 과정에서 변형들이 나타나기 시작했다.

키이스 존스톤 스토리텔러를 위한 즉흥 23쪽

나와 전혀 얘기해 본 적이 없거나 최소한으로 만나본 사람들에 의해 씨어터스포츠™가 공연될 때, 당신은 아마 사본의 사본의 사본을 볼지 모른다. 여러 단계를 거치며 '안전하고 바보같은 공연'이 되는 것이다.

가르치는 것이 대개 말로 이루어지기 때문에, 이런 변형들은 가끔 오해나 정보 부족으로 생겨났다. 새로운 작업을 더 쉽게 해내기 위해 수정이 가해지는 건 이해될 수 있다. 그러나 이런 수정 과정에서, 키이스 작업의 주된 요소인 실패의 위험이 종종 줄어들게 된다. 위험을 제거하면 이 포맷의 창조적인 비전도 변한다.

공통적으로 변하는 몇 가지는 이렇다:
· 게임에 내용을 잔뜩 덧붙이고 이를 장면과 바꾼다.
· 초점을 경쟁에 더 두고, 연극과 이야기에서는 제거한다.
· 경적을 뺀다.
· 심판에게 웃긴 의상을 입히거나 그들을 캐릭터로 만들어, 심판을 즐거움의 요소로 만든다.

실패의 위험 앞에서 위험을 선택하고 상대를 돋보이게 하는 건 씨어터스포츠™와 존스톤의 즉흥 체계의 본질적인 요소이다.

씨어터스포츠™의 즉흥 형식을 변형하여 수정본을 연기하는 사람들은 자신들이 이 포맷을 약화시켰다는 사실을 아마 모를 것이다. 이는 이해될 수 있다. 왜냐하면 여러 그룹들이 훈련 자료를 찾지 못하는 어려움을 종종 겪기 때문이다. 왜 그래야 하는지? 어떻게 그렇게 하는지?에 대해 그들은 답을 찾지 못했을 것이다.

이 가이드는 이런 질문에 대답하고 씨어터스포츠™의 본질적인 컨셉을 이해시키기 위한 목적으로 제작되었다. 우리는 이 책이, 연극적 경험이 어떠하든 모든 그룹과 개인에게 영감을 주어, 원래의 접근방법을 통해 창조적인 목표를 되찾게 하길 바란다.

즉흥이 불법?! 믿기 어렵지만 사실!
영국에는 검열이 있었다. 즉흥은 검열할 대본을 갖고 있지 않았기 때문에 대중 앞에서 즉흥 공연을 하는 것은 불법이었다. 지금도 어떤 즉흥 극단은 정부의 검열과 싸워야 한다.

씨어터 스포츠™의 배경

경쟁하는 포맷을 가르칠 때 전 언제나 '마임 줄다리기'나 '자음 없는 게임'으로 시작합니다. 무대에서 경쟁을 연기하세요. 그러면 즉흥연기자들 간의 갈등이 줄어들 겁니다.
제프 글래드스톤 - 캐나다, 뱅쿠버 씨어터스포츠

키이스 존스톤

씨어터스포츠™가 이를 흉내낸 공연 보다 더 재미있고 의미 깊을 수 있습니다. 핵심은, 사건이 일어나게 하는 것 즉 이야기를 만드는 거에요.

스토리텔링, 좋은 성품 그리고 관점의 표현을 위해서는 기량이 요구됩니다. 관객의 제안을 바탕으로 무대에서 게임하는 건 성취의 중요한 부분이 아닙니다. 게임에 치중하면 배우든 관객이든 결국 덜 만족하게 됩니다.

아셨나요....?

씨어터스포츠™가 폭발적으로 성장하며, 많은 도시에서 사람들은 즉흥이란 단어를 듣기도 전에 이 말부터 듣게 되었다는 걸. 어떤 곳에서는 즉흥 컨셉을 대신해 주는 말로 여전히 씨어터스포츠™가 사용됩니다. 모든 즉흥이 씨어터스포츠™는 아닙니다. 즉흥은 씨어터스포츠™ 공연 포맷에서 사용되는 기량입니다.

호주의 일화

씨어터스포츠™ 를 우리가 처음했을 때 즉흥 훈련은 이해했는데, 공연은 이해하지 못 했어요. 배우들은 경쟁하려는 인간적인 욕심을 극복하지 못했고 앙상블을 통해 최고의 공연을 만들지 못 했어요. 앙상블의 일원으로 경쟁의 열기를 가라앉히는 심판의 개념도 없었고, 사회자는 팀과 장면을 소개하는 데 공연 시간의 절반을 쓰곤 했죠.

초기 홍보 기간이 지나고 부터 관객들은 흥미를 잃었어요. 관객수도 줄었고 우린 뭔가 바꿔야 한다고 느꼈죠.

우리는, 결국, 이론과 실제 사이의 간극을 매울 적절한 지도와 훈련을 받았어요. 관객과의 관계를 이해하고, 다양성과 발견을 지속하기 위한 전략을 이해하기 시작했구요. 지금은 공연에 신참과 베테랑이 함께 하는 코너가 있는데 모두가 다 잘해 보이게 만드는 포맷이 이들의 실력 차이를 완충해 줍니다. ... 우리는 동일한 시간에 두 배나 많은 장면을 할 수 있게 되었어요..

우리는 연기를, 전보다 두 배로 더 사랑하게 되었고, 관객도 매년 새 시즌이 시작되면 두 배가 되었어요. 아, 지역 관객들이 조금 변덕을 부리긴 해도 우린 확고한 관객층을 얻었습니다. **닉번- 캔버라, 임프로 액트**

라피드 파이어 씨어터 - 캐나다 에드몬톤
마크 줄리안 오브주아

극단 프로젝트 티 - 한국 서울
김현희

테아트룰 내셔널 가구-뮤어즈, 루마니아 ■ 사진 크리스티나 간지

씨어터스포츠™를 통해 얻을 수 있는 것

키이스 존스톤 - 스토리텔러를 위한 즉흥 24쪽

씨어터스포츠™는:
- 남 앞에 서는 것에 대한 공포를 줄여줄 수 있습니다
- 무덤덤한 사람을 재치있게 바꿔줄 수 있습니다.(즉, 부정적인 사람을 긍정적으로 만듭니다.)
- 대인관계술을 향상시키고 사람 간의 상호작용에 대해 꾸준히 연구하도록 독려합니다.
- 모든 영역에서 기능을 향상시킵니다.(흡사 떠돌이 약장수의 말처럼요.)
- 스토리텔링 기술을 올려줍니다.(이건 대부분의 사람들이 생각하는 것보다 더 중요합니다.)
- 학생들이 연극 예술의 뼈대와 외형에 대해 익숙해지도록 해줍니다.
- 무대를 연기자들에게 돌려줍니다.
- 관객들이 공연을 볼 때, 집에 가서 무슨 이야기를 할지 고민하게 만들기 보다 즉각적으로 반응하게 하고, 심지어 배우와 즉흥하게 해줍니다.

BATS, 미국 샌프란시스코 📷 스테파니 폴

수 십년 동안 씨어터스포츠™와 이와 관련된 즉흥 테크닉은 상호 행동, 단체의 역동성, 창조적 사고, 남 앞에서 말하기 그리고 리더쉽 등을 훈련하는 유용한 도구가 되어 왔다. 씨어터스포츠™는 자신감을 키워주고, 이야기를 만들고, 소통하는 능력을 키워준다. 씨어터스포츠™는 팀원 간의 상호 행동과 협력을 강화한다. 씨어터스포츠™는 실수와 실패를 배움의 과정에서 생기는 건강한 요소로 받아들일 필요에 대해 가르쳐주고, 위험을 감수하는 데 따른 불안을 줄여주어 탐구하는 과정에 더 큰 자유를 준다. 씨어터스포츠™는 배우가 자신의 본능을 사용하고, 권위에 대해 질문하고, 확신있게 결단하고, 정서적으로 반응하고, 먼저 행동하고 나중에 정당화하는 걸 훈련한다.

자아는 집에 두고 오라.
숀 킨리
루스 무스 씨어터
캐나다 캘거리

씨어터스포츠™의 내용

씨어터스포츠™에 대한 공통적인 그럴듯한 오해는 이 공연이 주로 즉흥 게임을 하는 데 초점을 둔다는 것이다. 사실 씨어터스포츠™ 공연에 즉흥 게임은 몇 개가 있거나 할 것이다. 사람들이 씨어터스포츠™ 공연에서 게임을 통해 즉흥을 가르치는 것을 볼 수 있기 때문에 이런 게임이 곧 씨어터스포츠™라고 생각하는 것은 이해할 만 하다. 그러나 씨어터스포츠™는 스포츠 요소를 사용하여 관객을 위한 역동적인 분위기를 창조하는 즉흥 연극과 스토리텔링의 공연이다. 게임은 다양성을 위해 추가되고 공연 내용의 많은 부분을 차지하지 않도록 하고 있다. 키이스와 공연했던 혹은 키이스에게 영향을 받은 극단들은, 즉흥 장면에서 마스크나 인형 같은 연극 요소를 무대에 올리거나 움직임, 클라우닝, 진실한 감정 같은 요소 혹은 역사, 종교, 사회, 시사 문제에 초점을 두는 내용을 탐구할 것이다. 씨어터스포츠™는 다른 형태의 연극을 창조하고 있다.

즉흥은 불로 태우는 것인데, 사람들은 불을 가지고 노는 사람 보는 걸 좋아한다.
안토니오 불피오
떼아트로 아 몰라, 이태리 볼로냐

중요 컨셉

시작하기 전에 알아야 할 것

만약 당신이 즉흥 능력을 키우고, 이 포맷에 대해 바른 태도를 갖고 시작하면 씨어터스포츠™ 경험은 더욱 풍성해질 것이다. 배우는 상대의 생각을 받아들이고 이야기 만드는 걸 배워야 한다. 이는 게임이나 장면 만들기에도 적용된다; 이것이 작업의 근간이다. 안전한 곳에 머물고 싶은 것은 당연하다. 이것이 왜 배우들이 자기를 보호하느라 이야기 진행을 가로 막고 다른 캐릭터나 상대 배우를 통제하려고 하는지를 설명해준다. 마임으로 표현된 사자를 만나도 배우는 자기가 하기 보다 상대에게 '사자 입에 머리를 넣으라'고 시킬 것이다.

곧바로 공연을 하고자 하는 욕구가 강하겠지만 먼저 이 가이드를 끝까지 읽고, ITI 교사들의 자문을 받고 키이스 존스톤의 책을 읽어보라. 그러면 씨어터스포츠™ 공연을 잘 만들 수 있도록 특별히 고안된 조언들과 공연의 각 요소를 이해하게 될 것이다.

정신

씨어터스포츠™는 특정한 스타일의 즉흥 테크닉과 공연이다. 씨어터스포츠™가 요구하는 정신을 이해할 때 이 공연의 토대가 생긴다.

공연이 요구하는 정신 :
· 장난기
· 상대를 돕고 그들의 생각을 존중하기
· 위험 감수와 용기
· 정직과 약점 보이기
· 긍정적인 태도
· 실패 - 우아하게 실패하고 좋은 태도 유지하는 걸 배우기
· 팀웍
· 짖궂게 굴기

마지막 셋을 더 깊이 살펴봅시다...

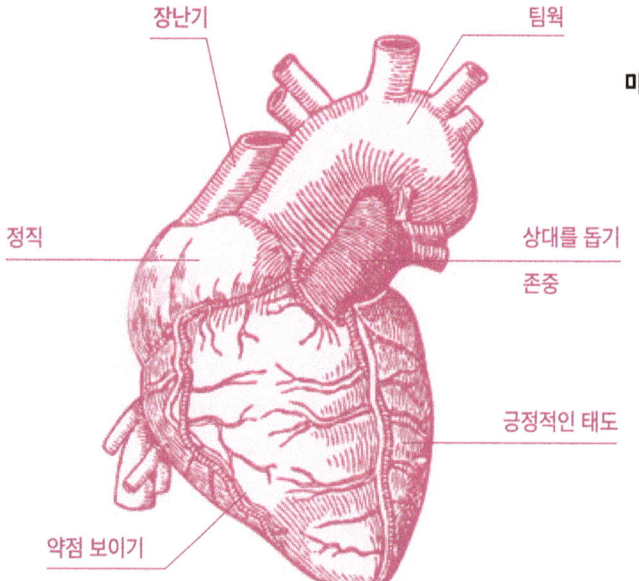

실 패

우리 사회에서, 실패는 정죄와 스트레스로 가득찬 개념이다. 그러나 우린 실패를 통해 배운다는 걸 알아야하고, 모험을 하기 위해 일어날 수 있는 실패에 준비될 필요가 있다. 즉흥 배우가 자유롭게 연기하려면 반드시 실패를 끌어 앉고 위

훈련 시작부터 학생들은 실패할 때 얼굴을 찡그리지 않고, 긴장하지 않으며, 땀 흘리거나 신음하지 않는걸 훈련해야 한다. 그걸 보러 돈을 낼 사람은 없다; 그런 건 집에서도 볼 수 있다.

실패는 게임의 필수요소로, 좋은 품성과 관용을 보여줄 기회라 생각하고 환영해야 마땅하다. 실패하고 행복해 하라. 그러면 관객은 당신이 사랑스럽고 매력적이라고 느낄 것이다; 그들은 당신을 껴안고 술을 사고 싶어할 것이다. 얼굴을 찡그리고, 화를 내며, 욕을 하면 당신은 혐오스럽고, 성질 사납고, 자기 중심적이며, 스포츠맨 정신을 모르는 사람으로 보인다. 나는 같은 방에 함께 있고 싶지 않은 윔블던 챔피언들을 본적이 있다; 유머를 모르고 적의로 가득찬 게 테니스에선 대수롭지 않을지 몰라도 누가 이기는가가 중요하지 않고 관객은 좋은 시간을 보내도록 되어있는 극장에서 그런 행동을 하면, 이건 재앙이다. 관객은 극장에서 긴장을 풀고 공연을 즐기며 배우를 사랑하고 존경해야 한다.

키이스 존스톤 - 씨어터스포츠™와 인생게임 뉴스레터 - 1989년 1월

험에 직면해야 한다. 그래야 관객에게 매우 특별한 이야기를 보여줄 수 있는 기회가 생긴다: 겁 없고 자질 좋은 즉흥 배우는 악어로 가득한 웅덩이와 지옥의 불구덩이에 빠져도 무대 반대편에서 기쁨의 눈빛을 하고 나타날 것이다. 보통 사람이라면 함몰될 상황에서, 눌리지 않는 것이다.

키이스 존스톤 - 씨어터스포츠™와 인생게임 뉴스레터 - 1989년 1월

나는 학생이 결코 실패를 경험하지 않게 해야 한다고 생각한 적이 있다 - 정확하게, 필요한 연습을 단계적으로 제공하면 나는 그럴 수 있다고 생각했다. 요즘 난 실패의 고통을 다루는 법을 가르치는 게 더 중요하다고 본다. 나는 학생들에게 선생을 비난하고 웃더 열심히 하겠다는 결심은 절대 보이지 말라고 한다.

관객들은 실패하는 걸 보고 싶어하지, 배우가 자학하는 걸 보고 싶어하지 않는다.

실패의 가치를 이해하는 사람이 거의 없는 이유는 실패가 대개 끔찍한 자학으로 이어지기 때문이다. 자학을 통해선 배울 게 없다. (근육이 긴장해서 배우는 걸 더 어렵게 만든다) 자학은 순전히 자기방어적인 행동이다.

극단 프로젝트 티
한국 서울
📷 김현희

내가 씨어터스포츠™를 통해 배운 것은 실패를 편하게 받아들이는 것이었다. 실패할 확률이 매우 높기 때문에 이것이 당신에게 용기를 준다.
콜린 모케리

※ 중요 컨셉

➡ **팀 웍**

씨어터스포츠™는 팀웍이다. 흥미롭게도, 씨어터스포츠™는 한 팀이 다른 팀과 경쟁하는 것처럼 보이는데 사실 이 팀에는 배우, 스탭, 지원자, 관객이 모두 다 포함된다. 이들은 지루함, 안전, 평범과 싸우는데, 승리자는 즐거움, 열정, 그리고 강렬하며 긍정적인 추억을 상으로 받는다. 즉흥 테크닉은 팀웍 위에서 개발된다. 서로의 생각을 받아들이고 서포트해야, 우리가 창조적인 위험을 감수할 수 있는 것이다. 서로를 돕는 것에 기반을 둔 형식에서 공연 중에 서로 외면하는 것은 말이 되지 않는다. 상대팀의 장면을 돕지 않고 한 번 이길 수 있겠지만 이는 결국 즉흥에 역효과를 낳는다. 씨어터스포츠™는 당신 개인의 영광을 위한 것이 아니다. 관객들에게 좋은 공연을 보여주기 위해 서로 협력하려고 집중하는 것이다. 상대팀을 돕기 위해 그 상대팀이 무대로 뛰어들면 관객은 자유로운 경험을 누리게 된다. 이로 인해 수준높은 공연이 펼쳐지면 관객들은 매주 극장으로 돌아올 것이고, 배우들은 성공으로 보상받을 것이다.

피크닉 임프로비제이션 테아트랄
콜럼비아 보고타
📷 로미나 크루즈

➡ **짖궂게 굴기**

공연의 근본 정신과 연결되어 있기 때문에, 키이스는 양적인 균형을 유지하는 선에서 언제나 짖궂게 행동할 것을 권장했다. 그는 관객들이 배우를, 일주일에 한 번 "새장에서 나온 행복하고 자애로운 생명체"로, 가끔은 조금 다루기 어려운 존재로 보길 원했다. 선한 태도로 이루어지는 한, 장난과 짖꿎음은 공연의 경험에 꼭 포함되어야 한다.

상대를 모욕하거나 점수를 가지고 심각하게 논쟁하는 것 같은 비열한 행동은 자아가 강한 사람 외에는 관심을 두지 않는다. 짖꿎음은 공연을 방해하지 않아야 하며 공연의 즐거움을 더해줘야 한다. 여기 몇 가지 예가 있다.

배우가 심판이 얼마나 멋진지 이야기하느라고 혹은 심판들과 사진을 찍느라고 시간을 끈다.

즉흥 배우들이 다음 장면을 연기할 영광을 다른 동료가 가져가야 한다고 끊임없이 주장한다.

한 팀이, 일종의 반역으로, 무대 옆에서 몇 명의 관객들을 위한 자신들만의 연기를 계속 시작한다.

키이스 존스톤 - 스토리텔러를 위한 즉흥. 20쪽

만약 짖꿎은 행동이 받아들여진다면 모든 배우들이 더 대담해진다. 공연 중간에 시간 지체가 생길 때 짖꿎은 행동을 하면 가장 좋다. 이를 피하면 당신의 훈련과 공연에는 항상 노동 같은 것이 나타날 것이다..

기량

즉흥 그룹이 즉흥 테크닉에 대해 지나치게 단순화된 설명을 듣게 되는 것은 보기 드문 일이 아니다. 예를 들어, '항상 예라 말하고 안된다는 말은 하지마.' 상대의 제안을 받아 들이는 것은 중요하다. 그러나 이것이 그냥 예라고 말하는 걸 의미하진 않는다. 우리는 수용의 원리로 상대를 서포트하는 훈련을 해서 배우들이 판단 받는다는 두려움 없이 창조적인 위험을 감수할 수 있게 해야 한다. 이런 태도가 자리잡히면 이런 생각을 어떻게 관객을 위해 이야기로 발전시키는지 알아봐야 한다. 현재에 머물기, 창조적인 위험 수용, 실패 끌어안기, 통제하지 않기, 상대를 수용하고 지지하기는 우리의 일상에서 억압되기 때문에 우리는 이를 개발하고 유지하기 위해 시간을 투자해야 한다.

만약 당신이 상대 팀과 장난치길 원한다면 웃음을 참는 것처럼 행동하라
닐즈 페터 몰랜드
데 안드레 테아트르, 오슬로 노르웨이

키이스 존스톤

무대 공포를 야기하니까 최선을 다하지 마라. 만약 당신이 능숙한 즉흥 연기자가 (혹은 산악인이) 최선을 다하는 순간을 보았다면, 그건 그들이 난관에 빠졌을 때다.

즉흥의 근본 원리 몇 가지와, 이에 관련된 게임과 훈련을 스토리텔러를 위한 즉흥에서 몇 개 제시해 본다.

자발성/현재

평가 받는다는 두려움과 사랑받고 싶은 욕구는 우리로 하여금 다음에 뭘 할지 끊임없이 찾게 만든다. 즉흥연기자로서 우리는 현재에 머무는 훈련을 할 필요가 있다. 그러지 않으면 우리는 지금 일어나고 있는 일을 보거나 듣지 않을 것이고 정직하게 반응할 수도 상대방과 연기할 수도 없을 것이다.
- 눈 크게 뜨기 205/206쪽
- 정서적인 소리 268-270쪽
- 정서적인 목표 184-185쪽
- 모자 게임 19, 156-161쪽
- 만트라 270-274쪽
- 샌드위치 236-237쪽

통제 멈추기

우리는 또한 두려움으로 인해 몸과 마음을 통제하려 하지만, 그렇게 되면 진실한 감정과 신체의 이완을 잃어 버리게 된다. 다양한 방법으로 배우로부터 책임감을 제거하는 훈련이 배우를 자유롭게 할 수 있다.
- 줄다리기 57-58쪽
- 한 번에 한 단어 114-115쪽, 131-134쪽, 329쪽
- 한 목소리 171-177쪽
- 그가 말하길/그녀가 말하길 (무대 지시) 195-199쪽
- 더빙 171-178쪽
- 움직이는 몸 200-202쪽

몸으로 하기

감정과 욕망에 대해 너무 많이 이야기 하고 설명하는 것은 즉흥 배우들이 선택하는 첫번째 방어기제다. 이의 대안은 신체적으로 연기하는 것이다. 그러면 우리의 지성이 아닌 몸이 이야기하게 될 것이다.
- 제스처 정당화하기 193-195쪽
- 지브리쉬 185/186쪽, 214-219쪽
- 신체 이미지 바꾸기 276-277쪽
- 사람 대 물건 303-304쪽
- 앉고 서고 눕기 366-367쪽

지위

지위는 곧 관계로 이어진다. 우리는 매 순간 지위를 연기하는데, 지위를 강화하거나 망가뜨리면 극적이고 매력적인 상호행동을 드러낼 수 있다.
- 다양한 지위 연습 219-231쪽
- 주인/하인 240/241쪽
- 표정 만들기 162-168쪽
- 모이 쪼아 먹는 서열 168쪽

이야기

강한 스토리텔링 능력은 즉흥 연기자에게 흥미로운 즉흥 연극을 만들어내는 데 필요한 도구를 제공해 주어, 그날 공연을 즉흥 게임, 농담, 개그에만 의존하지 않게 한다. 모든

※ 중요 컨셉

것은 이야기를 보는 관객의 눈에 달려 있다. 이야기를 발전시키는 것 만큼이나 이를 이해해야 한다.

· 다양한 스토리 게임 130-154쪽
· 그 다음은? 134-142쪽
· 타이핑 게임 151-154쪽
· 한 번에 한 단어 114-115쪽, 131-134쪽, 329쪽

즉흥을 할 때, 이야기를 파괴하면서까지 위험한 상상과 예측불가한 것을 피하는 일은 자연스럽게 일어난다. 감독과 교사는 이야기 진행을 우리가 어떻게 가로막는지 이해하여, 배우들이 두려움없이 진행하도록 격려할 필요가 있다.

캐나다의 일화

 공연이 끝날 즈음에, 로만 다닐로가 승자를 결정하기 위한 '죽는 게임'(Die Game)에서 연기하고 있었다. 자기 순서에서 이야기를 진행하는 데 실패한 뒤 그는 차에 치여 죽는 장면을 혼자 연기했다. 이때 상대 배우가 무대로 뛰어 올라와 그에게 응급 처치를 하고, 그의 옷의 먼지를 털어 그를 살려냈다. 관객들은 웃었고 그 다음 5분간 로만이 죽으려고 하면 양 팀의 다른 배우들은 무대로 올라와 그를 살리려는 노력을 했다. 누구도 그날 이긴 팀을 기억하지 않는다. 오직 유쾌하게 벌어진 마지막 장면만을 기억할 뿐.

숀 킨리, 캘거리

용어

오랜 세월, 키이스는 이야기를 해치고 배움을 가로막는 행동을 지적하기 위한 용어를 개발해 왔다.

그런 용어를 정의하는 키이스 소식지의 한 부분을 여기에 발췌한다. 그는 그런 요소가 이야기에 미치는 영향을 빨간 망토 동화를 사용해 예시했다.

 공연은 인생의 모든 다양한 모습을 보여줘야 한다.
나딘 안틀러
스테이프 브뤼즈
독일 함부르그

키이스 존스톤 - 씨어터스포츠™와 인생게임 소식지 1989년 1호

취소:
빨간 망토 소녀가 집을 막 나서려고 할 때 할머니는 오지 말라고 전화를 한다.

곁길로 새기:
그녀는 쿠키 바구니를 들고 길을 떠났고, 강에서 길을 멈추어 강으로 돌을 던졌다. 이윽고 뗏목이 나타났고, 그녀는 뗏목에 올라타서 …… 등등 (늑대를 만나는 것만 빼면 무엇이든 할 거다.)

독창적인 생각:
(곁길로 새는 방법으로 사용된 독창성) - 빨간 망토는 나무 사이에서 회색 물체가 움직이는 것을 보았는데, 그 순간 16세기로 이동하는 시간 여행이 시작된다.

소극적 태도:
이는 보통 정의하는 것을 거절한다. 즉, 빨간 망토는 커다랗고 엄청 큰, 털 많은 회색의 친근한 … 동물을 … 숲에서 만난다. (맹세컨대, 이게 즉흥 배우들의 방식이다. 자기가 상호행동하는 대상을 정의하지 않으며 이야기의 토대를 제거한다.)

갈등:

(행동이 일어나지 않게 하려고 할 때) "할머니 무슨 이빨이 이렇게 커?" "내 이빨이 왜?"

"엄청 커"

"거울을 좀 볼까? 괜찮네." "아냐 이상해."

"쓸데 없는 소리"

이렇게 흘러가는 것이다.

즉각적인 난관(즉각적인 갈등):

빨간 망토 소녀가 현관문을 나서자 늑대는 그녀를 잡아 먹는다.

놀이(동의된 활동)

빨간 망토는 오두막에 가서 할머니와 함께 오후 내내 테니스를 친다.

회피:

"너도 할머니가 아픈 걸 알잖아, 할머니는 혼자 사셔. 나도 할머니에게 그러지 말라고 말씀드렸는데 말을 듣질 않으시니. 할머니는 관절염에 걸렸어. 당신을 돌보기가 힘드셔....." 등등. 엄마가 빨간 망토에게 바구니를 주는 장면은 결코 나오지 않을 것이다.

잡담:

"너 내가 쿠키 바구니를 들고 할머니에게 보냈던 때를 기억해?"

"그럼요, 저 늑대를 만났잖아요."

"그래, 그게, 우리가 늑대 머리를 벽난로 장식으로 걸기 전이었어."

"제가 늑대한테 너 참 이빨 크다고 했잖아요."

"그리고 너를 잡아 먹었어. 주전자가 끓는다. 핫초코를 내줄게."

"그 늑대 뱃속에서 할머니를 만났을 때 정말 끔찍했어요."

가로막기:

"꼬마야, 할머니 만나러 가니?"

"전 할머니가 없는데요?"

부정하기:

"너를 잡아 먹어야 겠어!"

"뭐 좋아, 꼭 그래야 한다면. 쳇! 늑대들은 너무 지루해." (이런 반응은 또한 개그다.)

개그:

(위를 참조) 빨간 망토는 무술 유단자라 늑대를 방바닥에 집어 던진다. 즉, 그녀는 위기에서 빠져 나온다.

여러분이 아마 깨달았겠지만, 이 모든 요소들은 (개그를 제외하면) 이야기를 죽이지 않고 강화하는데 쓰일 수 있다. 즉흥 배우가 이야기를 방해하는 순간은 분명하다. 그리고 훈련을 통해 이를 쉽게 바로잡을 수 있다.

어게인! 프러덕션즈 - 프랑스 파리
📷 로매인 샤블루

이기든 지든 관객이 당신의 궁극적인 초점이 되어야 한다. 좋은 태도로 이야기를 만들며 지는 것이 상처받고 뒤집힌 자아로 이기는 것보다 관객들을 더 즐겁게 한다.
관객이 이기는 한 당신은 질 수 없다.
숀 킨리
루스 무스 씨어터
캐나다 캘거리

테아트룰 내셔널 가구 뮤어즈
루마니아 📷 크리스티나 간지

자 시작 합시다!

어느새 씨어터스포츠™를?

키이스 존스톤 - 스토리텔러를 위한 즉흥 6/7 쪽

즉흥을 하는 학생들이 말만 하고 서로에게 집중하지 않는다고 해보자 (왜냐하면 상대의 말을 듣게 되면 그들은 변하게 될지도 모르기 때문이다.) 여러분은 'ㄷ을 포함하는 단어'를 말하는 학생이 지는 거라고 말함으로써 그들의 페이스를 늦출 수 있다. 예를 들어:

'안녕히 주무셨어요, 아빠?'
'너 어제 몇 시에 들어왔니?'

아빠가 진거다 (왜냐하면 들어왔니에는 ㄷ이 들어 있다.) 만약 그가 집중했다면, 이렇게 말했을 것이다.

'너 어제 몇 시에 …. 어 … 집에 왔어?'

만약 두 팀으로 나눠서 매 라운드 마다 5점씩 걸면 학생들은 이 게임을 더 재미있게 즐길 것이다.

그들은 지금 씨어터스포츠™의 한 형태를 즐기고 있는 것이다.

게임을 몇 개 더해보자. 상대의 아이디어를 죽이는 사람이 지는 거다. 예를 들어: 숨이 차 보이는데, 달리기 했니?

'천식 때문에 그래 …'

천식은 달리기와 관계된 아이디어를 가로막기 때문에 천식으로 반격한 사람이 진거다.

혹은 질문이 아닌 말을 하면 지는 경기를 할 수 있다.- '나를 취조하고 싶어요?'

'당신이 용의자야, 그렇지?'
'여기 앉을까요?'
'그건 내 의자야.' 수사관이 졌다.

속성 학습

한국즉흥극장
한국 서울
박형근

첫 세션에서 씨어터스포츠™를 소개하는 법

1. 씨어터스포츠™를 언급하지 않는다..
2. 대결하는 게임을 가르쳐준다 - 모자 게임이면 완벽하다.
3. 두 팀으로 나눠 진행하라 - 한 팀에 3,4 명을 둔다.
4. 셋째 판에서 재미있었다면 심판을 추가하라.
5. 해설자를 추가하라.
6. 이게 단순 버전의 씨어터스포츠™라고 이야기하라.
7. 각 팀의 주장이 선수 3,4 명을 선택하게 하라. 점수 기록자와 세 명의 심판을 정하라. (최종적으로)
8. 이 팀들이 (심판의 분별하에) 마음에 떠오르는 것이면 무엇이든 상대에게 도전하게 하라. 예를 들어, 최고의 주인-하인 장면 혹은 인디언 다리-레슬링, 혹은 가장 무서운 장면 - 무엇이든 좋다.
9. 보는 사람들이 자기 팀을 정해 응원하도록 하면 굉장한 열정이 솟아날 수 있다.
10. 심판에게 1-5의 숫자가 쓰인 점수판과, 지루한 장면을 끝낼 때 불 자전거 경적을 주라.
11. 나중에는 사회자에게 마이크를 주고 (음향과 조명으로 즉흥을 할) '테크니션'과 (무대를 제시할) '무대담당'을 정하라.

이 아이디어들을 하나씩 제시한다면 학생들은 게임을 스스로 고안해냈다고 느낄 것이다. 좋은 환경에서, 경쟁은 테크닉을 향상시키려는 욕구를 불러 일으키고, 교사는 기량을 터득하려는 학생들에게 훈련을 제공하게 된다 - 탁월한 학습 환경이다.

씨어터스포츠™를 위한 기본 준비물

즉흥 연기자
심판 세 명
- 동전
- 경적 - 이 매뉴얼 34쪽 설명을 보라
- 사람 머리에 씌울만한 크기의 바구니 - 이 매뉴얼 37쪽 설명을 보라
- 점수카드 각 3장씩. 카드는 맨 뒷줄에서도 볼 수 있을 만큼 커야 하고, 카드의 앞뒷면에 1,2,3,4,5 숫자를 써 놓아야 한다.

해설자
중재자/옴부즈맨
- 마이크 (필요하다면)

점수 집계자
- 점수판
- 펜이나 분필, 혹은 붙였다 뗐다 할 숫자판

공연 공간
- 무대. 객석과 분리되고 등퇴장로가 있는 곳이 선호됨
- 선수와 심판이 있을 공간
- 배우와 무대 담당을 위한 가구, 의상, 소도구 - 이 매뉴얼 42쪽 설명을 보라

조명 오퍼레이터
- 조명 디머기 (가능하다면)

음향 오퍼레이터/연주자
- 음향 장치/컴퓨터 그리고/ 혹은 악기

오프닝을 너무 잘 만들지 마라. 실수도 좀 하라.

공연은 편안하게 시작하라. 모르면서 열심을 내는 것보다 모두 다 알고 시작하는 게 더 좋다.
**숀 킨리
캐나다, 캘거리
루스 무스 씨어터**

키이스 존스톤

씨어터스포츠™ 공연

키이스가 묘사하는 전형적인 공연 풍경 (약 1980년)

키이스 존스톤 - 스토리텔러를 위한 즉흥 2/3쪽

루스 무스의 씨어터스포츠™

일요일 저녁 8시 2분. 팝콘 냄새가 풍기는 게 당신으로 하여금 이곳에는 선동꾼이 있을 거란 걸 느끼게 한다. 시작 음악이 흐르고, 관객들은 팔로우 조명의 움직임을 따라 환호한다. 조명이, 객석 우측 위에 있는 점수판 앞에 서있는 해설자에게 머문다.

해설자가 관객을 환영하고 분위기를 풀어준다. 아마 이런 걸 요구할 것이다: '모르는 분에게 당신이 제일 싫어하는 채소 이름을 말해주세요' 혹은 '당신이 아무에게도 얘기하지 않은 비밀을 누군가에게 말해주세요' 혹은 '옆에 있는 모르는 사람을 안아 주세요.' (우리 관객들이 서로 안는 데 동의한다는 점에는 나도 놀란다.) 이제 사회자는 목소리로 공연 중 어색함을 풀어주고, 더 좋은 방향을 설명하는 역할을 한다. 이런 목소리로 개입할 때 설명은 진행을 방해하지 않게 간결해야 하고, 그의 개입이 적절해 보여야 한다. 해설자는 '이제 심판들에게 전통적인 야유를 보내볼까요?' 라고 말한다. 이러면 나중에 관객들은 심판에게 야유할 수 있게 된다. (반드시 그렇게 되야 한다.).

가운을 입은 세 명의 심판이 들어와 무대를 가로지르고 연기 공간을 둘러싼 도랑에 앉는다. 그들은 목에 자전거 경적을 매달았다. (이게 지루한 배우를 무대 밖으로 내려 보내는 구조경적이다.) 경박한 사람이 경적을 부는 건 덜 재미있기 때문에, 그들의 품행은 진지해야 한다.

전형적인 진행이라면, 두 팀의 신인 배우들이 연기하는 10분 경기로 시작한다: '팀 아드바카스에게 큰 박수를 주세요….'
서너 명의 배우가 상대팀 벤취의 맞은편에서 날렵하게 들어온다. 이렇게 들어오면 관객은 배우들이 무대를 가로지르는 것을 보게 된다. "자, 이제, 사악한 빌리들에게 큰 박수 보내주세요!" 배우들은 한명씩 들어오지 말고, 무리지어 들어와야 한다. 즉 여기에 스타는 없다 (또한 쇼비즈니스도 없다.)

※
자 시작
합시다!

10분 경기

코트 씨어터 - 뉴질랜드 크라이스트처치
📷 레이첼 시어즈

10분 경기는 신인 배우들과 하는 짧은 경기이다. 사회자가, 이 경기는 신인 배우를 위한 경기라고 말하는 것이 중요하다. 그래야 관객들이 기대치를 조절하여 배우들이 부담을 덜 갖게 된다.

10분 경기의 장점

10분 경기는 즉흥초보들이 무대에서 짧고, 안전하며, 통제된 경험을 갖게 해준다. 모든 공연자들이 바랄 수 있는 최고의 스승은 경험이다.

10분 경기는 관객의 기대치를 낮춘다. 초보 배우의 연기는 20년 혹은 그 이상의 경력을 가진 연기자 만큼 강렬하지 않을 것이다.

이는 즉흥이 보는 것처럼 쉽지 않다는 걸 관객이 알게 해준다.

그리고 장면의 퀄리티가 공연이 진행되면서 향상될 거라는 걸 보증해 준다.

이 경기는 종목을 심판이 정하는 방식으로 할 수 있는데 이렇게 하면 신인들이 하기 좋고 혹은, 좀 더 뒤에서 설명할, 도전 방식으로 진행할 수도 있다.

> 운동선수처럼 행동하고, 즉흥배우처럼 생각하라.
> **닐즈 페터 몰란드**
> **데 안드레 테아트레**
> **노르웨이 오슬로**

키이스 존스톤 - 스토리텔러를 위한 즉흥 3-5쪽

'심판과 각 팀 주장은 가운데로 나오세요.' 해설자가 말한다.
동전을 던진다. 승자가 상대에게 첫 도전을 정하라고 배려할지도 모른다.
배우 한 명이 상대 진영으로 와서 '우리, 아드바크스는 너희 사악한 빌리들에게 최신 영화 명 장면으로 도전한다!' (뭐여도 좋다.) '도전을 받아들인다.' 상대 팀이 외친다.

각 팀은 자기 영화 장면을 즉흥으로 하고, (도전자가 먼저 한다.) 심판은 1에서 5까지 숫자가 적힌 카드를 들어 점수를 준다: 5점이 최고, 1점은 나쁘단 의미, 경적을 불면 '친절하게 무대에서 내려오라'는 것이다. 정해진 시간이 될 때까지 도전이 계속 이어진다.

가끔 각 팀에서 한 명씩 나와서 하는 1대1 도전도 있다 - 진정성과 진실을 평가하는 1대1 사랑 장면이 그 예다. (1대1 장면은 한 팀에서 둘이 나와서 할 수도 있다.) 도전 과제는 (심판의 분별하에) 어떤 것도 가능하다 - 예를 들어, 브루스 매컬록은 자기가 물 양동이에 머리를 쳐박고 있는 동안 할 수 있는 최고의 장면을 제안했다.

팀은 마임, 지브리쉬, 운문, 노래 등 다양한 요소를 사용하는 장면으로 다양성을 더해주고, 반면에 소리 즉흥자는 천둥, 폭발, 블루그라스 음악, 발퀴리의 기행, 펑크 락, 슈가 플럼 요정의 춤, 뱀파이어 음악, 사랑 노래, 화장실 수세하는 소리 등 장면에 적절하다고 생각되면 무엇이든 제공한다.

이 초보자 경기는 보통 '훈련자'가 인도하는 15분 즉흥 클래스를 한 다음에 시작된다.(1960년대에 씨어터 머신에서 키이스 존스톤이 했던 것처럼)

자유 즉흥

키이스 존스톤

즉흥 배우, 특히 팀에 들어갈 수 없었던 사람들을 훈련하고 관객들에게 게임의 비밀 - 테크닉 -에 대해 알려주는 짧은 수업은 그 날 저녁 공연 중 가장 재미있는 부분이 될 수 있다.(이는 결코 강의가 아니기 때문에 설명은 최소로 해야 한다. 배우들이 이해했다면, 관객들도 최소한 그 지시가 적용되는 모습을 볼 때 이해할 것이다.)

자유 즉흥의 리더는 워크샵 교사와 동물원 관리자를 조합한 사람이어야 한다. 배우들은 무대에 오르고 싶어하는 행복한 원숭이다. (그들을 통제하려면 가끔은 약간의 노력이 필요하다.) 기억하라, 자유 즉흥을 이끄는 사람이 "두 분 나와주실 수 있나요?" 하고 물을 때 5명이 무대로 달려나와 세 명이 돌아가는 것이 무대에 선 채로 겁에 질린 사람들에게 앞으로 나와 달라고 구걸하는 것 보다 훨씬 멋진 일이다. 당신이 보여주는 태도는 관객이 어떻게 느끼는가로 드러날 것이다. '긴장하고 겁에 질리겠는가' 아니면 '행복하고 장난스러울텐가?'

자유 즉흥에는 이런 것들이 포함된다 :
- 가로막기와 받아들이기의 예 - 그리고 열정이 이 작업에 어떤 영향을 미치는지
- 배우가 다른 캐릭터를 향해 강한 태도를 갖는 것이 얼마나 흥미로운지 보여주는, 태도에 관한 훈련 (스토리텔러를 위한 즉흥 233쪽)
- 지위 연습
- 가면 놀이
- 경기에서 자주 사용되지 않는 훈련용 연습의 예: 무릎에 손, 표정 짓기, 다같이 예, 한 목소리로 말하기 등.

자유 즉흥은 어린 배우들의 자신감을 향상시킬 수 있다. 이게 마치 공연 대본에 있는 것 마냥 매일 밤 하란 얘기는 아니다. 이를 공연의 필요를 채우는 도구로, 관객과 배우를 발전시키기 위한 도구로 사용하라. 관객들이 이 비밀에 초대될 때 당신의 관객들이 어떻게 연결되는지 보면 당신은 아마 깜짝 놀랄 것이다

베이징 호오스 호오스 타이거 타이거 컬처 커뮤니케이션
중국 젱 쳉

관객들이 정직해지도록 하라.

키이스 존스톤

덴마크 방식

키이스 존스톤은, 준비와 관리가 쉽기 때문에, 팀들이 덴마크 방식으로 훈련을 시작하라고 제안한다.

키이스 존스톤 - 스토리텔러를 위한 즉흥 4/5쪽

자유 즉흥을 한 뒤에는 보통 덴마크 방식으로 진행한다. (우리가 씨어터스포츠™를 국제적으로 어필하고 싶을 때 덴마크에서 이를 개발했기 때문에 그렇게 불린다.)

심판이 무대에서 내려가고, 옴부즈맨이 벌칙 바구니를 설명하고 나면(아직 그게 사용되지 않았다면), 옴부즈맨은 매 도전이 끝난 뒤 관객들은 연기를 가장 잘한 팀의 이름을 외쳐달라는 요청을 받을 것이라고 말한다. 이때 관객들이 최대한 크게 소리지르도록 훈련하라.

어떤 조심스런 씨어터스포츠™ 팀은 관객들에게 더 좋았던 팀을 나타내는 색깔 카드를 들라고 요구하는데, 이는 팀 이름을 소리 지르는 것에 비교하면 영혼 없는 행동이다.

자 시작
합시다!

> 각 도전이 끝나면, 옴부즈맨은 관객에게 그들이 방금 본 장면들을 상기시켜준다 (그들의 단기 기억이 웃느라 소실 되었기 때문이다.) '여러분은 사형 집행인이 죄수와 눈이 맞아 달아난 러브 스토리가 맘에 드세요? 아니면 늙은 관리인이 자기 청소도구와 눈물의 이별을 하는 러브 스토리가 맘에 드세요? 셋을 세면 외쳐 주세요 - 하나! 둘! 셋!
>
> 승자에게 5점을 주고, 새로운 도전을 부과한다. 가끔 다시 외쳐야 하는 수가 생기기 때문에 팀 이름은 따로 따로 불러야 한다. 설령 데시벨 미터나 그런 게 있다해도 우린 기계를 결코 쓰지 않을 것이다. 무더기로 소리 지르는 것이 정신 건강에 좋다.

각 팀 이름의 음절 수는 같아야 한다. 그렇지 않으면, 관객들이 소리칠 때 긴 이름을 가진 팀이 유리해진다. 관객이 선택한 팀을 듣기 어려워지므로 응원과 휘파람은 자제시키라.

덴마크 방식의 중재자(옴부즈맨)는 공연의 해설자와 다른 사람이다. 중재자는 덴마크 방식을 설명하고 투표를 하는 역할을 한다. 그들은 또한 경적을 불고 바구니 벌칙을 준다. 해설자는 점수판 옆에서, 마이크 너머로, 점수를 알려주고 게임의 요소를 구별해주며 팀과 중재자를 소개하고 감사를 보내는, 자신의 역할을 계속 한다.

키이스 존스톤

위험, 경쟁 그리고 실패를 제거하면 당신은 씨어터스포츠™에서 스포츠를 뺀 것이다.

정식 도전 경기

한국즉흥극장, 서울 한국 📷 박형근

정식 도전 경기는 한 팀이 도전 과제를 제시하면 이를 두 팀이 각각 연기하는 것이다.
한 팀이 상대 팀에게 도전한다.
언제나 도전하는 팀이 먼저 연기한다.
첫 도전 팀이 도전 과제를 연기한다.
상대 팀은 무대 밖에 앉아 있지만 객석에서 보여야 하고 (연기하는 팀을 방해하지 않는 선에서) 공연의 다양성을 더해줄 다음 도전을 생각해본다.
연기한 팀이 점수를 받는다.
상대팀이 연기하고 점수를 받는다.
그리고 난 다음 두번째 팀이 첫팀에게 도전 과제를 제시한다. 역시, 도전 과제를 제시한 팀이 먼저 연기한다.
정해진 경기 시간 동안 이를 계속한다.
도전 팀이 도전 과제를 시작한다.
승자를 발표하고, 두 팀은 무대를 가로질러 서로 악수하며 공연을 끝낸다. 이는 팀경쟁을 하는 전통 스포츠 경기 진행 방식과 비슷하다. 배우들은 관객에게 손을 흔들고 해설자는 모두에게 작별 인사를 한다.

키이스 존스톤 - 스토리텔러를 위한 즉흥 5/6쪽

우리 관객들은 늦어도 10시에는 극장을 나선다. 만약 공연을 잘 했다면, 당신은 놀랄만큼 협동하며 실패를 두려워 하지 않는 많은 수의 멋진 사람들을 봤다고 느낄 것이다. 그런 그룹 안에서 소리지르고, 응원하고, 혹시 무대에 올라 함께 해보는 건 그 자체로 치료 효과가 있다.
운이 좋다면 당신은 멋진 파티에 다녀왔다고 느낄 것이다: 알콜에 많이 의존하지 않는, 긍정적인 상호 행동으로 가득한 엄청난 파티 말이다.

다양성

다양성은 씨어터스포츠™ 공연에서 매우 중요하다. 써커스에서 목숨을 건 묘기 전에 저글링을 보여주고 셰익스피어가 가장 어두운 비극에 코믹한 캐릭터를 삽입하듯이, 즉흥 연기자는 다양성을 보여주기 위해 전력투구해야 한다.

즉흥 연기자는 장면의 다양성을 항상 의식할 필요가 있다. 왜냐하면 배우는 무의식적으로 반복적인 패턴에 빠지는 경향이 있어서 저녁 내내 같은 주제나 내용, 혹은 같은 페이스로 공연하기 쉽다.

다음의 방법으로 다양성을 추구하라:
- 장면의 길이 - 만약 상대팀이 긴 장면을 연기한다면, 짧은 장면으로 답하라.
- 무대위 배우의 수 - 만약 상대 팀이 일인 장면을 한다면, 당신은 많은 배우를 사용하라.
- 시각적 요소 - 만약 상대 팀이 빈 무대를 쓴다면, 당신은 가구나 조명을 쓰거나 객석으로 들어가라.
- 내용 - 만약 상대 팀이 사랑 장면을 한다면, 또 다른 사랑 장면은 보여주지 마라.
- 질감 - 만약 상대 팀 연기가 유쾌했다면, 조용하거나, 단순한, 느리거나 극적인 장면 혹은 침묵으로 이으라.
- 모든 장면을 재미있게 만들려 하지 마라, 이야기를 만들라.

키이스 존스톤 - 스토리텔러를 위한 즉흥 9/10쪽

아드바크스가 자기 장면을 연기하기 위해 무대로 올라간다.
'잠깐!' 상대 팀도 그렇게 입장했어. 다르게 입장하면서 좋은 기질과 장난기를 보여줄 수 없을까?
그들은 당황한다.
'동료들에게 행운을 빌고, 악수를 해. 그들이 권투 선수고, 여러분이 그들의 쎄컨드인 것처럼 굴어. 수건을 던져. 마우스 피스를 끼우는 마임을 해. 이번 경기에서, 그들을 '무패행진의 승자들'로 소개해. 그들이 관객들에게 싸인 해주게 해. 복종적이어서는 좋은 성품, 용기, 애정, 장난끼를 전해줄 수 없어!'
'하지만 심판들이 우리에게 카운트를 하지 않을까?'
'(원가 다양성을 위해)나도 그러길 바래. 그리고 그들이 그러면, 연기를 시작하면 돼!'
팀이 너무 느리다면 심판은 카운트를 한다. 그러나 항상 그래야 하는 건 아니다.
유럽에서는 배우를 내려보내는 카운트를 모든 장면에서 관객이 한다. 그렇게 한다면 심판이 카운트할 때 같이 해야 한다. 어떤 팀에게는 5초 이상 주어지기도 하는데 이게 시간 낭비는 아니다.
그들은 지금 막 주인-하인 장면을 시작하려 한다.
"잠깐. 무대 위에 테이블 하나와 의자 2개가 있는데, 이건 앞 팀이 썼던 무대야. 빈무대로 가는 게 어때? 아니면 보트를 끌고 오든지. 관객을 무대로 모셔서 박람회장에 있는 찌그러진 거울을 시키면 안 될 이유가 있어?'
그들이 가구를 치우는 데 동료 배우들은 팀벤취에 지루한 모습으로 앉아있다.
'허! 여러분의 동료를 기꺼이 도와줘 (심지어 저들이 상대팀이라 해도). 여긴 비열한 정신을 가진 사람들이 "비통한 표정"으로 돌아다니는 일상 세계가 아니라, 극장이야.'
아드바크스가 자기 장면을 시작한다.
'잠깐!'
'또 뭐죠?'
'상대팀이 성에서 연기했는데, 여기도 성이야. 2명의 등대지기가 골프를 치는 건 어때? 아니면 하나님이 천사에게 마사지를 받고 있는건? 상대 팀이 너무 못해서, 여러분이 "우리가 저 장면을 제대로 보여주겠다!"고 말할 수 있지 않다면 같은 걸 반복하지 마.

씨어터 스포츠™를 더 알아보자

재앙을 피할 순 없다

키스 존스톤 - 스토리텔러를 위한 즉흥 12쪽

배우들이 대중 앞에 처음으로 서게 되는 날 그들은 아마 굉장히 소심하고 초라해, 관객이 그들에게 마음을 쓰게 될 것이다. 다음에, 혹은 시간이 좀 지나면, 그들은 겸손이란 걸 찾아볼 수 없게 무대로 뛰어들 것이고 관객들은 속으로 생각할 것이다: '자기가 재밌다고 생각하나 봐? 잘하나 한 번 보지 뭐' 그리고 그 영광은 잿더미로 변할 것이다. 자전거를 배울 때 넘어지는 것처럼 초보자들이 교만과 소심함 사이에서 왔다 갔다하는 건 피할 수 없다.

관객 앞에 서는 것은 중요하다. 위험을 감수하기 전에 제발이지 숨지도 완벽하려 들지도 말라. 아주 잘할 때까지 자기들끼리 연습하는 팀은 감히 대중 앞에 서려 들지 않을 것이다; 이는 유감이다. 용서해주는 친구 앞에서 하는 것보다 용서 없는 낯선 사람들 앞에서 하는 게 더 빨리 배우게 해준다.

키스 존스톤

지금쯤 못 하는 장면이 하나 필요하다.

사회는 완벽, 성공 그리고 안전을 중요시한다. 씨어터스포츠™는 자발성, 실패 그리고 모험을 중요시한다.
패티 스타일즈
호주 임프로 멜본

공연의 시작

불꽃 놀이와 팡파레… ?

어떤 팀은 시작부터 관객을 달아오르게 할 엄청난 걸 만들어야 한다고 믿는다. 그들은 대단한 시작부를 만들어 흥분과 에너지를 창조하고 싶어한다.

이런 접근은 당신의 즉흥을 이렇게 망칠 수 있다 :
· 배우들에게 오프닝에 부응해야 한다는 스트레스와 걱정을 야기한다.
· 즉흥 장면에서는 볼 수 없을 많은 것으로 공연에 대한 기대를 일으켜, 즉흥의 빈무대가 관객들에게 초라해 보이게 한다.
· 관객들을 소심하게 만들어 즉흥에 자원하지 못하게 한다.
· 창조의 경쟁을 유발한다. 때로는 관객들도 자신의 제안이 쇼의 기대치를 채워야 한다고 느끼게 만들 수 있다. 이는 정직하게, 단순히, 혹은 진실하게 제안하는 것이 거의 불가능하게 만든다.

관객이 만약 공연의 시작부가 더 좋다고 느끼며, 혹은 거짓된 열정으로 진이 빠진다고 느끼며 극장을 나간다면, 그들은 극장으로 다시 돌아오지 않을 것이다.

대신에, 해설자가 관객을 환영하고, 배우들이 무대로 올라와 위험을 감수할 때 배우를 지지해주는 긍정적인 분위기를 만드는 것으로, 공연을 시작하라.

키스 존스톤

대부분의 팀은 자기들이 경쟁적이라는 걸 이해하지 못한다

해설자

이는 호스트나 엠씨 대신에 선호되는 타이틀이다. 왜냐하면 이들은 관객을 즐겁게 해주기 위해 존재하는 게 아니기 때문이다. 그들의 임무는 소개하고, 명확히하고, 공연의 효율을 유지하고, 스포츠 해설자 같은 통찰을 제공하는 것이다. 그들은 점수판 옆에 앉아 마이크를 가지고 이야기한다. 점수판은, 가능하다면, 해설자가 때때로 들어가 점수를 경신할 수 있도록, 점멸등을 갖고 있는게 좋다. 해설자는 공연의 시작과 끝을 알리고, 축구나 권투에서 처럼, 경기 진행을 돕고 그 내용을 알려주는 목소리이다.

해설자는 :
· 매력적이고 능률적이어야 한다
· 공연 중 일어나는 일을 설명해서 관객이 편안하고 즐겁게 볼 수 있게 해줘야 한다.

· 배우와 심판을 소개한다.
· 공연이 매끄럽게 흘러가게 만든다.
· (필요하다면) 다음 도전을 제시할 팀을 이야기해주어 배우와 심판이 순서를 놓치지 않도록 한다.
· 관객들이 카드를 볼 수 없을 경우 심판의 점수를 불러준다.
· 공연의 요소를 관객에게 설명한다. 예 : 장면이 지루할 때 심판은 경적을 불어 배우들을 무대에서 내려오게 합니다. 그러나 이렇게 끝난 장면도 채점이 됩니다.

해설자가 관객을 웃기거나 주목 받기 위해 배우와 경쟁하지 않는 것이 중요하다.

루스 무스 씨어터
캐나다 캘거리
📷 케이트 웨어

키이스 존스톤 - 스토리텔러를 위한 즉흥 9쪽

자, 장면이 끝났는데 심판이 점수 매기는 시간이 오래 걸린다고 하자 - '해설자는 뭘할까?' '심판에게 서두르라고?' '그럼 너무 고압적이야.' 이렇게 말하면 돼:"자 심판의 점수는 ... " 아무 일도 안 일어나고 있다면, 힌트를 줘. 조용히 말해: "심판들이 판정을 내리는 데 시간이 조금 걸리는데요.", 혹은: "관객들이 동요하고 있는데요." 해설자는 절대 위압적이거나 공격적으로 보이지 않아야 해.

경쟁

키이스 존스톤 - 스토리텔러를 위한 즉흥 23쪽

어떤 사람들은(종종 열성 스포츠 팬들) 씨어터스포츠™가 경쟁적이라고 비난한다. 그러나 정극이 경쟁을 유발하는 반면 - 나는 여러분이 거의 믿기 어려운 이야기를 해줄 수도 있다- 씨어터스포츠™는 질투 많고 자기 중심적인 초보자에게 좋은 태도로 연극을 하며 우아하게 실패하도록 가르친다.

점수를 무시하고 연기한다는 건 사실 어려울 수 있다. 그러나 관객을 위해 경쟁을 연기하고, 관객을 위해 상대팀과 함께 한다는 걸 아는 것은 매우 중요하다.

키이스 존스톤

루스 무스 극단의 팀들이 어떡하든 상대를 이기려 들고, 심지어 상대팀의 장면을 망쳐놓기 시작하였다. 말하자면, 이게 미식축구의 모델에서 찾을 수 있는 스포츠인거다.
씨어터스포츠™는 비열하고 공격적이 되었고 객석이 텅텅 빌 만큼 사람이 줄었다. 나는 매주 다른 팀을 무대에 세움으로써 이걸 고쳤다. 배우들은 여전히 이기고자 했으나 점수판에 집중하길 멈췄고 (자기 팀의 영광을 위해 연기하는 대신) 즐기기 시작했다. 그러자 관객이 돌아오기 시작했다.

※ 씨어터 스포츠™를 더 알아보자

팀

서로 도전하고 재미를 위해 이기려 들라. 마치 친구와 보드게임을 하듯이, 심각하게 경쟁하지 마라. 서로와 관객에게 좋은 시간을 선물하는 것이 중요하다.

패티 스타일즈 - 호주 임프로 멜본

즉흥과 다른 형태의 공연 간에는 차이가 있다. 씨어터스포츠™의 근간이 되는 것 중 하나는 당신의 파트너가 항상 당신을 서포트하기 위해 (무대와 벤취에) 있다는 것이다. 서로 돌보라. 서로 멋있게 보이도록 만들라. 만약 당신이 자신에 대해 덜 염려하면, 당신은 공포를 덜 느낄 것이고 모두가 당신과 함께 연기하고 싶어할 것이다.

키이스 존스톤

나는 무대 밖에 있는 팀이 ('공연 팀을 돕기 위해') 계속 무대에 있는 걸 본 적이 있다. 모두 다 무대에 세우는 것이 "민주적"이라는 답을 들었는데, 루스 무스에서는 숙련된 배우 한 명이 4명의 배우와 경기를 하기도 한다.

'여러분의 관객은 배우 혼자 무대 위에서 헤쳐 나가야 하는 걸 보고 싶어하지 않을까?'

'그럼 눈이 부시겠네요.' (눈이 부시다는 건 기량을 과시한다는 뜻이다.)

'그러나 모두의 관심을 받는 곳에, 한 사람이 두려움 없이 서 있는 걸 보는 건 스릴있어. 바이올린 솔로, 솔로 마술사, 일인 광대극은 눈이 부시게 하려는 게 아니야.'

교만한 배우들은 순종적인 역을 맡거나 벤취에서 대기할 때 실패했다고 느낀다. 그들은 자신이 필요하든 필요하지 않든 그 영광을 나눠갖기 위해 무대로 뛰어든다. 그러나 드라마는 두 사람 사이에 일어나는 일이다. 세 명이 나오는 멋진 장면을 찾는 건 매우 어렵다. 왜냐하면 세 번째 인물은 일종의 관객 같은 기능적 인물이기 때문이다. 왜 즉흥이라고 다르겠는가?

모든 배우가 출연하는 장면은 예외적으로 일어나야지, 룰이 되어선 안 된다.

팀 입장

키이스 존스톤 - 스토리텔러를 위한 즉흥 7/8쪽

극단 프로젝트 티
한국 서울
📷 김현희

내가 수업에서 씨어터스포츠™를 가르치고 있고, 해설자는 뚱뚱한 고양이와 아드바크스를 소개하고, 각 팀은 무대를 가로질러 자기 벤취로 가고 있다.

내가 가로막는다: '대열을 벗어나서 따로따로 오지 마. 서로 집중하고, 한 팀으로 보이도록 해. 떨어져 보이면 안돼.'

그들은 다시 시작한다.

'좋아졌어!' '그런데, 긴장한 거 같애.'

다시 시도한다.

이제는 건방져 보인다. '처음께 더 좋았어!'

'우리 보고 어쩌라는 거예요?'

'여러분이 기대했던 것 보다 관객이 더 멋있다고 상상해.'

객석을 볼 때 마다 기쁜 마음으로 조금 더 놀라. 이걸 보여주려고 하진 말고 그냥 그렇게 해. 그리고 여러분이 가진 긍정적인 감정이 은연중에 전해질 거라고 믿어. 아마 난 배우들에게 이렇게 상상하라고 할 것이다. 대팻밥으로 가득한 상자 안에 일주일 내내 갇혀 있다가

지금 완전히 살아날 기회를 얻었다고.

혹은 배우들에게 눈을 평소보다 좁게 뜨고 들어오라고 할 거다 - 이는, 거의 확실히, 배우들이 적대감을 느끼게 만든다 - 그리고 난 다음 반사 효과를 노린다. '다시 입장하는데, 이번에는 눈을 활짝 떠!'

눈을 활짝 뜬 학생은, 모든 것을 긍정적으로 보고 엄청난 에너지를 방출할 수 있다. 그들은 주변의 공간을 덜 의식하는 것처럼 보이고 자기를 판단하는 일을 멈출 것이다. 일상에서 방어기제를 없애면 근심이 커지나, 무대에서 방어기제를 없애면 근심이 줄어든다..

팀 벤치에 앉기

배우들은 무대 옆 벤취에 편하게 앉되 공연 중 관객의 시선을 빼앗지 않아야 한다. 그러나 다른 배우를 돕기 위해 무대로 신속히 올라갈 수 있을 만큼 무대와 가까워야 한다.

키이스 존스톤 - 스토리텔러를 위한 즉흥 3쪽

루스 무스의 팀들은 무대 주위에 60센티 깊이의 호에 들어가 반쯤 안 보이게 숨는다. 그러나 많은 그룹들이 동료의 연기에 벤취의 배우들을 출연시킨다. 항상 조명을 받게하고, 때로는 무대 뒤편에 앉아 객석을 바라보며 활짝 웃는 표정을 하게 만들기도 한다. (이게 전형적인 쑈 형태의 씨어터스포츠™인데, 이런 포맷에서 사회자는 스타 연예인이며 배우들은 증정품을 주는 tv 프로그램에 나오는 지원자 정도로만 중요할 것이다.)

무대에서 내려올 때

루스 무스 씨어터
캐나다 캘거리
📷 브레너 케네디

키이스 존스톤

장면이 끝나면, 배우들은 벤치로 가야 한다. (어떤 배우는 자기 연기에 대해 박수 받기를 원하는데, 조명이 내려올 때 관객들이 이미 박수를 보냈을 거기 때문에 이는 비효율적이다.)

※ 씨어터 스포츠™를 더 알아보자

심판

떼아뜨로 아 몰라 - 이태리 볼로냐
📷 지안루코 자니보니

심판은 즐거움을 주려고 있는 게 아니라, 오히려 배우를 보호하고 서포트하며 공연의 질을 향상시키는 역할을 하는, 공연의 핵심 요소 중 하나로 있는 것이다. 그들은 그냥 심판이 아니다. 심판이 배우를 돌보면 배우들은 더 큰 리스크를 감행할 것이다. 만약 배우가 관객을 지루하게 만들면 심판은 배우를 무대에서 내려가게 할거고, 배우가 관객을 모독하면 배우에게 벌을 줄 것이며, 배우가 딴전을 부리면 배우가 연기하게 만들 것이고, 필요하다면 심판은 어려운 결정을 내려 객석의 열기를 식혀 배우를 보호할 것이고 관객이 배우를 영웅으로 볼 수 있게 할 것이다.

키이스 존스톤

심판은 엄한 부모님이고, 배우는 장난기 많지만 선량한 어린이다.

심판이 이 모든 걸 이루는 방법은 :
· 배우와 관객이 반응할 수 있는 권위적인 인물이 되어서
· 명료함과 효율로
· 필요할 때 결단을 내림으로
· 배우들에게 도전을 효율적으로 제시하고 받아들이게 하여
· 배우들이 지체할 때 장면을 시작하도록 독려하여 ("씬이 곧 시작됩니다. 5-4-3-2-1")
· 배우들이 대사를 조금 더 크게 하도록 함으로
· 관객이 지루해지기 전에 지루한 요소를 무대에서 제거한다. 이를 위해:
  · 경적을 불고
  · 조명을 깜빡거리고
  · 디렉션을 준다 "결말을 지으세요" 혹은 "장면 끝나기 30초 전"
· 공연의 내용과 다양성에 주의를 기울인다:
  · 주의를 시킬 필요가 있는 행동에 대해 경고한다 (맹세가 너무 많거나, 장면에 다양성이 부족하거나, 장면을 신속하게 시작하지 않거나 등등)
  · 바구니 벌칙을 부과한다.

· 공연을 좋게 만들 목적으로 팀이 제시한 도전을 거절하여. 예 - 도전이 너무 반복될 때 "그 도전은 이미 보았습니다." 혹은 너무 위험할 때 "소방 규정 상 무대에서 라이타를 키는 것이 허락되지 않습니다."

장면이 끝나면, 모든 심판은 1(최저)에서 5(최고)사이의 점수를 준다.

모든 심판이 동등하지만, 권위의 환상을 더해줄 수석 심판 타이틀을 하나둔다. 수석 심판이 동전을 건네거나 최종 결정을 내릴 수 있다.

➲ 팁 - 심판은 웃긴 옷을 입지 않아야 한다. 이는 관객의 눈에 권위를 떨어뜨린다. 권위 있는 인물에게 소리지르는 게 더 재미있다.

키이스 존스톤

심판들에게 다른 책임을 주지 말라. 예를 들어, 스토리 판정 심판, 기술 요소 판정 심판, 재미 요소 판정 심판. 우리가 이걸 해봤는데 결코 의도 대로 되지 않았다. 이런 게 무시되거나 혼란만 야기시켰다. 제발 하지 마라.

심판 입장

심판이 입장에 공을 들이거나 공연의 진행을 가로막으면 안 된다. 심판들은 함께 들어와야 하고, 심판이 들어올 때 해설자는 관객이 심판에게 야유하게끔 유도해야 한다. 그래야 관객들이 그들에게 놀듯 자유롭게 반응할 수 있는 분위기가 형성된다. 심판은 이 야유에 상처받지 말아야 한다.

키이스 존스톤 - 스토리텔러를 위한 즉흥 8쪽

해설자가 말한다: '심판들에게 공식 야유를 보내볼까요?' 두 명의 심판은 무대를 가로질러 그들의 자리로 가고 나머지 한 명은 무대 중앙에 나와 동전던지기를 감독한다. 내가 개입한다. '모두 함께 있어야 해.'
'시간을 아끼려구요.'
'그러면 관객은 심판을 하나의 유기체로 보지 않게 돼. 하나의 유닛으로 무대를 가로지르고 관객의 야유를 받으며 자리에 앉아. 그러면 해설자가 야유를 중단시키고 말할거야. "수석 심판은 중앙으로 나와 동전 던지기를 주관해 주세요." (이 '수석 심판'은 가짜다 - 누구도 다른 심판들 위에 설 수 없어야 한다.)

심판을 연기하는 배우는 관객들이 자기를 좋아할까 염려하지 말아야 한다. 심판은 훈련이 필요한 스킬이다. 배우들은 동료배우인 심판이 경적을 불 때 실수하는 걸 용인할 필요가 있고 그들이 바른 태도로 진행하고 있다고 신뢰해야 한다.

분위기가 좋으면, 관객들은 경적을 불 때 심판에게 반응할 것이다. 배우나 공연에 야유를 보내는 것보다 심판에게 야유하는 것이 더 좋다. 무대에서 만들어진 장면을 책임지는 사람이 없어 관객이 침묵하며 집에 가는 것 보다 심판에게 약간의 감정을 품는 것이 더 낫다.

⊃ **팁** - 심판의 자질을 연습하기 위해 리허설 때 왕 게임 같은 놀이를 하라.
(스토리텔러를 위한 즉흥 237쪽)

단호박 심판

"단호박 심판"을 이용해 심판을 훈련할 수 있다. 이는 즉흥 배우들이 관객의 필요에 정직하게 연결되도록 만드는 독특한 방법이다. 심판을 훈련하는 이 단호박 심판은 객석에서 보이지 않는 곳에 앉는다 - 보통 극장 뒤쪽이다. 그들의 임무는 관객들이 공연에 열중하는지를 보는 것이다. 무대에 있는 배우와 객석 앞쪽에 있는 심판은, 앞줄이 외치는 소리에 영향받기 쉽기 때문에 이로 인해 전체 관객 반응을 오해할 수 있다.

관객들이 모두 흥미를 잃고 있다고 여길 때 단호박 심판은 심판석 앞에 있는 조명을 키는 버튼을 누른다. 이 조명은, 작은 붉은 빛으로 심판만 볼 수 있고, 관객에게는 보이지 않는다. 이 조명이 들어오면, 이것이 심판에게 경적을 불어야 할지 모른다는 강한 신호가 된다. 이 신호는, 심판의 충동이 관객과 연결되게 해주고, 확신이 없어도 경적을 쓸 수 있는 용기를 준다.

키이스 존스톤 - 스토리텔러를 위한 즉흥 67쪽

어떤 놀이든 실패는 그 일부이다. 이게 이해되지 않는다면 씨어터스포츠™는 굉장한 스트레스를 줄 것이다.

*
씨어터
스포츠™를
더 알아보자

경적

경적은 흔히 "지루함에 대한 경고"라고 하는데, 키이스 존스톤의 씨어터스포츠™가 갖는, 가장 독특하면서도 중요한 요소 중에 하나이다. 이를 "구조 경적"이라고 부르는 것은 경적이 곤란을 겪는 이를 돕는 도구임을 암시한다.

무대에 서있는 당신이, 심장이 쿵쿵 뛰며 장면을 초라하게 만들고 있고 벤취의 동료들은 당신의 배가 물속으로 가라앉는 걸 볼 수 없어 눈을 가리고 있는 상황이라고 상상해 보자. 만일 우리가 연극의 낡은 관습대로 연기해야 한다면, 그 장면은 질질 끌다 끝날 것이다. 관객은 예의상 박수를 보낼거고 기껏해야 당신은 연기가 안 좋았다고 생각하며 무대를 빠져나올 것이다.

그러나 ... 이건 전통 연극이 아니라, 씨어터스포츠™다. 심판은 장면이 관객을 지루하게 하고 있다고 판단되거나, 배우들이 힘겹게 연기하며 스트레스 받고 있거나 불행해보일 때 경적을 분다.

경적이 울리면, 배우들은 자아를 다치지 않은 채로 무대에서 내려와야 한다. 이 잔인함에 대한 비난은 심판의 몫이고 경기는 다시 이어진다.

키이스 존스톤 - 스토리텔러를 위한 즉흥 4쪽

전통 연극에서처럼 즉흥 장면이 지루하게 갈 수도 있다. 하지만 지루한 어떤 것도 '지루함에 대한 경고'(구조 경적의 울음소리)에 의해 짧아질 것인데, 만약 모두가 즐겁게 보고 있는 장면에서 심판이 경적을 분다면, 관객들은 들끓으며 일어날 것이다.

떼아뜨로 아 몰라 - 이태리 볼로냐
📷 마뉴엘 니발레

'만약 이게 안 먹히면 심판이 끌어낼거야' 라는 생각이 배우들로 하여금 위험을 감수하고 새로운 걸 시도하게 하기 때문에, 경적은 배우들을 보호한다. 경적은 지루한 장면을 보지 않게 해주어 관객을 보호하고, 영감이 떠오르지 않는 장면을 멈추게 해 배우를 보호한다. 관객이 즐기고 있는 장면에 경적을 분다면 관객은 소리를 지를 텐데, 이것이 극장에 대단한 에너지를 가져와 공연을 더욱 스포츠 이벤트처럼 만든다. 심판이 당신이 응원하는 팀에 불공정한 호각을 불었을 때처럼 말이다.

과거에는, 소심한 심판이 경적을 불도록 배우들이 소리를 질렀다. 배우들은 이것이 자신 뿐 아니라 관객까지 도와주는 것임을 이해한다. 장면이 잘못 가고 있다는 걸 모두가 안다면, 정직하게 이를 지적하는 것이 최상이다. 이걸 좋은 마음으로 할 수 있다면, 우린 씨어터스포츠™의 핵심에 다가가고 있는 것이다.

관객들은 실패하고도 웃고 놀수 있는 특별한 생명체를 보고 있다. 관객은 스스로 이럴 수 없지만 존경할만한 씨어터스포츠™ 배우라면 할 수 있다. 이 놀라운 일로 인해, 관객은 실패를 보고도 즐거울 수 있다. 배우들의 좋은 성품이 이를 허락했기 때문에 관객들은 배우의 성공과 실패를 즐길 수 있다.

스토리텔러를 위한 즉흥 16/17/18쪽

만약 한 팀이 지루하다는 경고를 받았다면, 장면을 끝내고 무대를 떠나야 한다 (이는 경고가 아니라 진짜다. 지루하다고 외치는 것보다는 덜 모욕적으로 들릴 것이다.)

경고는 심판들이 목에 차고 있는 구조 경적을 부는 것으로 주어진다. 이 경적을 사기 전에는 경고를 0점으로 줬다. 그런데 0점을 받고 나가는 것보다 경적을 듣고 나가는 게 배우들이 배신감을 덜 느낀다.(심판은 조명을 깜빡이며 장면을 끝낼 수도 있다. 그리고 이 방법은 적절한 순간을 봤을 때 조명 오퍼레이터나 팀원이 할 수도 있다.)

경험 많은 배우도 결코 오지 않을 영감을 바라며 지루하게 연기할 수 있다. 우리 배우들은 즉흥이 안 되는 날엔 이렇게 말하며 분장실로 달려온다: '왜 경적을 안 불어. 필요했다구!' (마치 그 장면을 스스로 멈추는 게 금지되었다는 듯이 말이다) 무대에서 집중받는 걸 너무 좋아해서 자신이 지루하다는 걸 신경쓰지 않는 소수의 배우들이 있다. 나는 이런 말을 들었다: '난 배우야 - 왜 내가 관객의 생각에 신경써야 돼? (이 말이 나로 하여금 그의 섹스 생활을 궁금하게 만들었다.)

그런 배우는 사람들이 흥미를 잃기 전에 경고가 주어지는 것(혹은 조명이 내려가는 것)에 대해 불평한다. 그런데 그보다 더 좋은 순간이 있을까? 만약 장면이 불공정하게 끝나면 관객은 흥분하며 소리지를 것이고, 이는 배우와 관객을 더 결속시킨다. 그러나 이기적인 배우는 '불공정'하다고 분개할 것이다.

'어떤 심판도 항상 옳을 수 없어.' 내가 말한다. '씨어터스포츠™는 그 사람의 위엄이 얼마나 바르게 행동하는가로 평가되는, 학교가 아니야. 결국 여러분은 눈보라 폭풍이 몰아칠 때 툰드라로 쫓겨나고 있는 게 아니야.'

'하지만 그 경고가 관객을 억누르게 될 거란 걸 모르세요?'

'배우들이 기세꺾인 강아지 마냥 멍하게 내려온다면 그러겠지. 하지만 쫓겨난 배우가 여전히 기분이 좋은 걸 본다면 관객의 마음이 녹을거야.'

'만약 위엄을 지키고 싶었다면, 왜 즉흥을 하지? 경고를 서툴게 사용하면 경고가 잔인할 수 있어. 그러나 적절히 사용하면 호의를 일으킬거야. 관객은 무대에서 쫓겨나고도 행복해 하는 배우를 숭배해.

경고 받아들이기

그저 '장면을 끝까지 못 하게 됐을 뿐'이라고 말하며 이 경고의 가치를 약화시키는 그룹이 최소한 하나는 있다. 이는 스포츠 정신에 역행하는 것이다. 관객은 복서가 다운됐고, 쾌속 보트가 뒤집혔으며, 즉흥 배우가 장면만들기에 실패했다고 얘기하는 걸 듣고 싶어한다. 지루한 건 지루한 거다. 많은 장면이 20초가 지나기 전에 (이미 회복 불능이 되어 바보같이) 지루해진다.

즐거운 유머와 함께 거절되는 걸 배우는 건 5분이면 되는데, 많은 그룹이 경적을 제거한다.

불만족스러운 또 다른 해법은 모든 장면에 시간 제한을 두는 건데, 어쩔때는 1,2분만 주기도 한다.(배우 혼자 장면 끝내는 법을 배워야 하기 때문에 이는 불만족스럽다.) 나는 씨어터스포츠™가 '모든 이야기를 90초 안에'라는 문구로 홍보되는 걸 본 적이 있다. 15분 내에 공연을 끝내야 한다면 이것이 조금은 이해되겠지만 왜 힘과 에너지가 있는 많은 장면을 죽여야 하는가? 아마 소심한 심판이 지루한 장면을 요점없이 계속 흘러가게 했을 거고, 이를 피하려는 절실함에서 90초 룰이 나왔을 것이다.

초창기에 우리는 배우의 감정을 너무 보호해서 배우에게 세 번째 경고까지 허락했다. 경고도 만장일치일 때만 주었다. 그리고 난 다음에 우리는 두 번째 경고에서 팀을 내보냈다. 많은 자기 반성이 있은 뒤 최종적으로, 정의 보다 죽은 장면을 무대에서 내리는 것이 더 중요하다는 결론을 내렸다. 어떤 심판이든, 언제, 어느 장면에서든 (동의 없이) 끝낼 수 있다. 그래도 가끔 따분한 장면이 이어졌는데, 심판이 지루한 장면을 보며 경적을 만지작거릴 뿐 부는 걸 주저했기 때문이다.

요즘에는 소위 단호박 심판(객석 맨 뒤에 앉아 있는 즉흥 배우. 324쪽을 보라)이 지루할 때 버튼을 누를 수 있다. 이 버튼은, 심판의 발과 조명 부스에 있는, 붉은 '지옥 불'을 깜빡이게 한다. 심판이 이를 무시할 수 있지만 이것이 심판의 무관심을 떨쳐 줄 확률이 높다.

나는 더 분리된 방법으로 즉흥 연기자를 무대에서 제거하는 방법을 고안해 낼 수 있었다. 뒤에 있는 그림에 불이 들어올 때 코미디언이 나가야 하는 '코메디 라운지'에서처럼 말이다. 하지만 나는 경고가 시끌벅적하기 원했다. 왜냐하면 나는, 이해도 안되는 걸 아는 척 토론하듯, 연극을 감상하고 '공연이 너무 좋은데요' 라고 말하는 관객들에게 지쳤기 때문이다.

씨어터 스포츠™를 더 알아보자

이 컨셉은 상당히 상급 레벨이다. 나쁜 훈련을 받은 교사들은 핵심을 놓친다. 그들은 실패를 끌어 안고 건강한 방식으로 다루기 보다 실패를 피하도록 배웠다. 아마 놀랄 일은 아니겠지만 경적, 바구니, 실패를 대하는 법을 배우는 건 일반적으로 어린 친구들이 성인 보다 더 쉽게 한다.

키이스 존스톤 - 스토리텔러를 위한 즉흥 11쪽

한 팀이 경적으로 무대에서 쫓겨났다면, 그들은 반드시 좋은 성품을 유지해야 한다. 직업 배우들은 화를 내거나 유감을 표출하기 쉽겠지만 그런 사람을 존경하거나 공연이 끝난 후 집으로 초대하고 싶은 사람은 없다.

실패를 즐겁게 받아들이는 훈련

》 나는 사람들에게 경적에 대해 가르칠 때 이 연습을 사용한다. 나는 세 사람에게 심판이 되어 달라고 한 뒤 나머지는 모두 무대 한쪽으로 올라가게 하고 이렇게 말한다: "둘씩 짝을 지은 뒤 나와서 팀 별로 장면을 연기할 거예요. 경적이 어느 시점에 불쑥 울릴 겁니다. 장난기 있는 유쾌한 반응으로 경적을 수용하세요. 경적을 들은 뒤에도 여러분은 행복해 보여야 해요. 만약 화가 났거나 불쾌해 보이면 다시 할 거예요. 혹은 필요한 만큼 계속 할 거구요. 우리가 관객에게 어떻게 보이는지, 관객이 우리를 어떻게 받아들이는지, 우리가 깨닫지 못할 때가 있거든요." 그러고 난 다음 나는 심판들 뒤에 가서 앉을 거고 그 중 한 명 혹은 모두의 등을 무작위로 두드려 경적을 불도록 용기를 북돋아줄 것이다. 배우 둘이 무대로 올라온다, 어느 순간 우린 경적을 불고, 그들이 행복해 보이면 "좋아요, 다음!" 이라고 외친 뒤 또 두 명을 무대에 세운다. 만약 그들이 행복해 보이지 않으면 "조금 불쾌해 보여요" 또는 "깜짝 놀랐나 봐요" 또는 "화난거 같애요." "다시 해 봅시다!"라고 말하는데, 그러면 그들은 다른 장면을 해야 한다..

나는 경적을 불시에 장난스럽게 불려고 한다. 나는 배우들이 경적을 불거라고 예상하지 못하는 순간을 찾는다. 왜냐하면 그때 진짜 정직한 표정이 나오기 때문이다. 어떤 장면은 길게 가도록 내버려 두고, 어떤 팀은 무대로 올라와 첫 대사를 하자 마자 분다. 또 어떨 때는 그들이 경적을 불어주길 바랄 때까지 질질 끌기도 한다. 만약 심판들이 제대로 하고 있다면 난 그들을 방해하지 않는다. 나는 그들의 부담을 덜어주고 그들을 돕기 위해 거기 있는 것이기 때문이다.

사람들은 경적을 유쾌하게 받아들이는 것과 부정적으로 받아들이는 것의 차이를 분명하게 알아차린다. 또한 경적을 부는 게 항상 쉽지 않다는 걸 알게 되고, 심판을 더 이해하게 된다.

그러면 나는 경적을 불시에 불기 보다 배우를 구할 목적으로 분다.

다시 하도록 하면서 '한 번에 한 단어'를 가르치는 것은 위의 연습으로 이어가기 좋은 방법이다. 《 패티 스타일즈

임프로 멜본 - 호주 마크 감비노

코트야드 플레이 하우스 - UAE 두바이
티파니 슐츠

임프로 오키나와 - 일본 쿠다카 토모아키

바구니

심판은 배우가 머리에 바구니를 쓰고 2분 동안 퇴장하는 벌칙을 줄 수 있다. (보통 어두운 곳으로 보내지만 원한다면 관객이 볼 수 있게 할 수 있다. 그러나 무대를 방해하지 않아야 한다.) 이 벌칙은 전시용이지만, 이것이 가짜 권위와 경쟁의 중요성을 더해준다. 이는 또한 배우들이 창의적인 검열없이 연기하도록 도와준다.

배우가 밥맛 떨어지게 하는 어떤 행동이나 말을 하면 그 배우는 이 벌을 받는다. 이 벌칙은 관객에게 모욕적인 배우가 제지되고 거북한 내용이 제거될 거라는 느낌을 갖게 해준다.

바구니 벌칙은 장면의 맥락에서 벗어나면서까지 "거칠거나, 잔인하거나, 공격적인" 배우들에게 주어진다. 심판은 이를 필요에 맞게 고칠 수도 있다. 가령, 심판을 놀리며 짓궂은 행동을 계속하는 배우에게 바구니를 씌우는 것이다. 아주 드문 경우지만, 관객이 자기가 한 말로 인해 바구니를 쓴 적이 있다. 다른 관객이 이를 요구했는데, 이는 좋은 분위기에서 이루어졌고 이것이 그 날 저녁을 풍성하게 해주었다.

관객들에게 바구니를 요구하도록 하는 경우도 종종 있다. 이는 관객들의 직접 참여를 이끌고, 관객들도 좋아한다. 그러나 공연 때 이렇게 하길 원한다면, 바구니 요구는 연기 장면이 끝난 뒤에 이루어지게 하라.

어떤 그룹은 관객들이 장면 중에 소리지르고 뭔가 던지게 한다. 이는 어리석을 뿐더러 이를 통해 가치있는 어떤 걸 얻을 확률은 거의 제로다. 관객들은 배우가 연기하는 장면보다 바구니 벌칙에 더 주목한다. 또한, 배우들에게 뭔가 던지는 것은 위험하다. 그들은 조명을 받고 있기 때문에 날아오는 물체를 못 볼 확률이 있다.

극단 프로젝트 티 - 한국 서울 📷 김현희

점수 매기기와 점수판

심판이 있는 경기에서, 각 심판은 다섯 개의 커다란 카드를 갖고 앉는다.(대략 무릎 높이 크기이며 충분히 커서 객석 뒤에서도 보여야 한다.) 각 카드는 양면에 커다란 숫자가 1부터 5까지 써 있다.

장면이 끝나면 심판은, 곧바로, 자기 점수 카드를 들어 관객과 사회자 (그리고 점수 기록자)가 볼 수 있게 한다. 이 점수는 점수판에 더해진다.

한국즉흥극장 - 한국 서울 📷 박형근

지금의 연극
댄 오코너
엘에이 씨어터스포츠™
미국, 로스엔젤리스

키이스 존스톤 - 스토리텔러를 위한 즉흥 10쪽

'아드바크스가 영감이 없는 연기를 했고 심판들이 이를 점수 매긴다고 상상해 보자.' 심판들은 모두 1점 카드를 든다.
'근데 그 장면이 1점의 가치 밖에 없었다면, 그걸 왜 보고 있었던 거야? 지루한 배우는 경적을 불어 무대에서 내려. 그들이 계속 떠들게 하지 마.'

경적으로 장면을 중지했어도, 심판은 여전히 점수를 매겨야 한다. 그래야 심판에게 동의하지 않은 관객이 자신들의 분노를 표출할 수 있고, "자기들의" 팀이 적절한 점수를 받을 때 열정적으로 소리 지를 수 있다.

1대1 혹은 팀 대 팀 대결에서는, 심판이 손을 허공으로 들어 손가락으로 자신이 이겼다고 믿는 팀을 가리킨다.

덴마크 방식에서는 매 라운드가 끝난 후 가장 좋았다고 생각하는 팀의 장면에 관객들이 환호를 보내는 것으로 점수를 결정한다. 두 팀이 모두 자기 장면을 끝내면 중재자는 관객에게 더 좋게 본 팀의 이름을 외쳐달라고 요청한다. 이긴 팀이 5점 가져간다.

<small>키이스 존스톤 - 스토리텔러를 위한 즉흥 9쪽</small>

나는 심판들에게 '뚱뚱한 고양이들'이 연기를 잘 했다고 상상하게 한다. 심판들은 모두 3점을 든다. '연기를 잘 했는데, 4점을 주면 왜 안 되지? 점수 높게 주는 걸 두려워 하지 마!'

공평

어떤 나라에서는, 심판들이 점수 매길 때 점수를 균등하게 배분하기 위해 노력한다. 각 팀이 만든 장면의 가치에 관계 없이 똑같은 점수를 준다면 즉흥의 정직성에 위배된다.

심판들이 인위적으로 점수를 바꿔 드라마를 만들려 할 때, 관객은 이를 알아채고 조작이라 느낀다. 저녁 내내 압도적으로 우위에 있던 팀이 안간힘을 쓰는 팀과 같은 점수를 받는 걸 관객이 본다면 그들은 사기라고 느낄 것이다. 배우들 역시 강팀과 동점인 것에 (최악의 경우 이기고 있다면) 부끄러움을 느낄 것이다.

이건 공정하고 균형있게 진행하는 것에 대한 것이 아니다. 배우들이 긍정적인 내면의 상태를 얻고 실패와 패배를 (그리고 성공과 승리를) 다룰 줄 알게 되는 것이 더 중요하다.

도전

극단 프로젝트 티
한국 서울
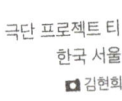 김현희

➲ 팁 - 효율은 키이스가 추구하는 것이다. 장면이나 게임을 필요한 몇 마디 말로 시작하는 연습을 하고 공연을 하라.

어떤 도전이 즐겁게 만들고, 어떻게 도전해야 좋을지에 대한 대화를 많이 해야 한다. 기억하라. 씨어터스포츠™는 다양성으로 가득한 공연이다. 모든 장면이 정해진 시간 안에, 비슷한 감정톤으로 진행된다면, 회가 갈수록 공연은 관객을 끌지 못할 것이다. 이를 위해 키이스는 이렇게 제안한다:

<small>키이스 존스톤 - 스토리텔러를 위한 즉흥 13-16쪽</small>

도전을 제시할 때 : 일정한 형식을 유지하라. 도전은 중요해 보여야 한다. (배우들이 그 도전을 진지하게 받아 들일 수 없는데 왜 보는 사람이 그래야 하는가?) 그리고 간결하라. 모든 도전은 스스로 설명되어야 한다. 만약 당신이 중요한 얘기를 못 했다면, 가령, 모자 게임에서 모자를 잘 못 쥐면 진다든지 - 해설자나 심판이 이를 설명할 것이다.

많은 팀이 게임으로만 (그리고 똑같은 게임으로만) 도전한다. 그러나 예기치 못 한, 그리고 들어보지 못 한 도전이 배우들을 깨어나게 한다. 철자 맞추기 게임, 유명인을 그럴듯하게 연기하기, 관객 지원자와 함께 연기하기, 상대 팀 장면을 연출하기 등 색다른 것으로 도전하라. 위험을 감수하라. 바보 같고, 이해 안되거나, 반복적인 도전은 (심판의 판단 하에) 언제나 거절되어야 한다.

팀은 이의를 제기할 수 있다:"이의 있습니다!" 그리고 심판도 질문할 수 있다: "어떤 이유에서죠?" 설명을 들어본 뒤 선언하라 : "기각합니다" 혹은 '인정합니다'

어떤 그룹은 '항상 실패하게 되는' 도전을 금지하고 싶어 한다 (한때 '그가/그녀가 말했다' 게임을 거부하는 움직임이 있었지만, 만약 우리가 어떤 그룹이 싫어하는 게임을 모두 회피했다면, 우린 어려운 게임을 결코 익히지 못 했을 것이다. 문제는 게임에 있는 게 아니라, 영감을 얻지 못하는 장면을 계속 끌고 가게 하는 유약한 심판에게 있다. 만약 배우들이 지루하다면 (게임을 망치고 있다면 그들은 그렇게 될 것이다) 내려보내라.

위대한 팀은 새로운 도전을 찾기 위해, 아이디어를 그 자리에서 검열없이 던진다; 예를 들어, 암전 중에 펼쳐지는 가장 멋진 1분 라디오 드라마 (이는 관객들에게 꺼안을 기회를 준다), 상대 팀이 정한 물체로 하는 최고의 장면 (즉흥 올림픽에서, 캘거리 팀은 살아있는 염소로 해야 했다), 관객 지원자와 하는 최고의 장면 (이는 지원자를 사랑과 관용으로 대해야 하고, 기술이 필요하기 때문에 즉흥 초보에게 주어서는 안 된다.), 전래 동화 연기하기(관객 지원자를 주인공으로 두고) , 비극적 엔딩을 갖는 최고의 사랑 씬, 최고의 변명, 최고의 거짓말, 가장 불의한 상황, 최고의 복수, 가장 멋진 탈출, 가장 동적인 장면, 상대팀을 최고로 활용하기 (예, SF 영화의 괴물로, 가구로, 볼링 공으로), 가장 진지한 장면, 긍정적인 장면, 진실한 장면, 로맨틱한 장면, 무서운 장면 혹은 지루한 장면 (즉흥 올림픽에서 덴마크 팀이 '가장 지루한 초야'를 잊지 못하게 보여줬다), 가족 관계, 연민을 일으키는 장면 등등.

위대한 팀들은 모든 장면에서 관객 지원자와 연기하기, 각 장면을 지브리쉬로 하기와 같은 목표를 스스로 세운다. 공연 팀이 연극 게임만 갖고 도전한다면 (그리고 매주 똑같은 게임만 한다면) 이는 수프를 제공한 뒤 다시 또 수프를 제공하는 것 같은 단조로움을 일으킬 것이다.

게임은 대비를 주려고 제시되는 것이므로 이야기 또는 도전 사이에 잘 흩어놔야 한다.

다양성에 대한 필요: 열기가 달아오를 때 훌륭한 도전이 창조되지만, 영감이 사라지면 각 도전은 전과 비슷해지기 쉽다. 구직 장면이 다른 구직 장면으로 이어지는 식이다. 어떤 그룹은 도전을 모호하게 만들어 이렇게 되지 않으려 하는데, 예를 들면 '우리는 당신에게 신체 능력을 포함한 장면으로 도전한다'는 식이다. 그러나 이때 씨어터스포츠는 스포츠에서 굉장히 멀어진다 (두 팀을 직접적으로 비교하는 게 어렵기 때문이다).

'오디언스' 팀은 이 문제에 빠지지 않으려고 공포에 질린 척하며 '책! 책!'하고 외친 뒤, 여러가지 도전을 써놓은 책이 있는 곳으로 달려간다. 만일 그런 책을 만든다면, 대사있는 도전, 신체극 도전, 개인 도전 등을 칸 별로 구별해 놓으라.

도전 과제 길이: 어떤 그룹은 각 씬이 6분은 (혹은 몇 분이든) 지속되어야 한다고 미리 정하는데 이는 다양성을 해친다. 15분 장면이 30초 장면 보다 더 좋을거라고 생각하는 팀도 있다. 나는 6분을 이어가려 애썼지만 단 한 장면도 공연자를 즐겁게 하지 못하는 경기를 본 적이 여러 번 있다. 이렇게 말했다면 더 좋았을 것이다: '이건 아니에요! 다시 시작해도 될까요?'

가두지 마라: 그렇게 해야 할 의무가 없다면 앞으로 일어날 일을 말해 자신을 옭아매지 마라. 예: 만약 해설자가 '이제 마지막 도전입니다'라고 말했는데 연기가 재미없었다면, 심판이 도전을 더 제시하기 어려워진다. 다른 예: 연출 자가 배우들에게 아주 극적인 장면을 제시하고 '연기할 때 세 단어 문장만 사용하세요'라고 하는 것.

장면이 진행되고 난 뒤 이런 걸 첨가하는 게 더 좋았을 것이다. 만약 필요했다면 말이다.

반려: 심판의 분별하에 도전은 반려(거절)될 수 있다. 이런 반려는 다양성을 더해줘 관객이 집에 가면서 대화할 거리를 제공한다. 전형적인 방식은 아마 '관객들이 그 도전을 싫증낼겁니다. 반려하겠습니다.', '그 도전은 내용이 불분명합니다.', '그게 무슨 말인지 우리를 이해시키지 못한다면

씨어터 스포츠™를 더 알아보자

반려하겠습니다.', '방금 우린 운문 즉흥을 두 번 했는데 연이어 노래 즉흥을 하면 관객들이 좋아할까요?'

만약 반려가 승인되면, 새 도전이 제시되어야 한다. 만약 이것도 받아들여지지 않는다면, 심판이 도전 과제를 제시해야 한다.

심판도 반려할 수 있다: '우린 그 게임을 반대합니다' (그리고 이유를 말한다.) 혹은 힌트를 줄 수 있다, 예를 들어:

당신이 그 도전을 반려하면 우린 당신을 지지할 겁니다!'

반려가 즉각적으로 받아들여지면 안 된다. 예를 들어, '우리는 턱수염이 들어가는 최고의 장면으로 당신에게 도전합니다'

'반려합니다!'

'어떤 이유에서죠?'

'저 팀은 턱수염이 있고 우리는 없습니다!'

'기각합니다!'

그렇지! 면도한 팀은 가발로 턱수염을 연기할 수 있고, 과학자가 발명한 강력한 발모 촉진기를 저지하기 위해 경찰특공대가 면도팀을 구성해서 들어갈 수도 있다.

팀원 세 명이 바구니 벌칙을 받고 있을 때 (드문 경우이지만), '4명이 모여 쪼기 서열 즉흥을 하라'는 도전을 4번째 배우가 반려했는데 기각되었다. 이유는 그 배우가 4명의 캐릭터와 연기하는 걸 (또는 3명의 관객 지원자와 연기하는 걸) 관객이 보는 게 즐거울 것이기 때문이다.

협조적인 배우들은 자기들(혹은 우리)에게 조금도 흥미를 주지 않는 장면을 받아들일 것이다. 그러나 서로 망가지는 것보다는 반려하는 것이 더 좋다.

상대 팀이 연기하고 있는 동안, 어떻게 반응할지 속삭이며 동료들과 많은 시간을 보내지 마라. 상대의 연기를 초롱초롱한 눈으로 바라보고 믿으라. 팀원 중 누군가 무대로 올라가 다음 도전을 제시할 것이라고.
톰 살린스키 - 영국 런던, 스판테이니티 샵

키이스 존스톤 - 스토리텔러를 위한 즉흥 8쪽

뚱뚱한 고양이들이 동전 던지기에서 이겼고 그들 중 한 명이 중얼거린다: '주인-하인 씬이 어때요?'

내가 끼어들었다: '넌 젊잖아, 건강하구, 장애도 없어! 무대 중앙으로 대범하게 들어가서 분명하게 말해. 격식을 갖추고. "우리, 뚱뚱한 고양이들은, 너희 아드바크스에게 최고의 주인-하인 씬으로 도전한다!"

목소리는 여전히 들릴만큼이 안 된다. 관객을 훈련시키는 건 채찍이다. 역동적이 되라!

대결 전에는 이런 햄릿스런 소심함을 잊으라!

승리 상품

씨어터스포츠™ 공연을 준비할 때 우승자에게 줄 상품에 대해 매우 신중하라. 원래는 극장 주변에 있는 물건으로 만든 트로피를 수여했다.

키이스의 생각은 상품이 별로 중요하지 않아서 경쟁을 달궈 놓을만한 요소가 되지 않아야 한다는 것이었다. 그는 또한 참가팀들이 자기 극단에 돌아가서 그들이 모두 이겼다고 말해야 하며, 해당 극단의 지역 언론에서 전화가 오면 주최측은 이를 반드시 확인해줘야 한다고 말했다.

공연의 초점은 서로 영감을 주고 관객들이 기억할 만한 저녁시간을 만들기 위해 함께 노력하는 것이다. 만약 상품이 있다면, 진짜 경쟁이 생겨 선의의 정신을 갖는 연극과 팀웍은 흐트러지기 시작할 것이다.

노르웨이의 일화

 노르웨이 전국 즉흥 축제에서 최고의 청소년 팀에게 천 달러 장학금을 주겠다고 공고했습니다. 그런데도 그 축제는 수 년간 영감이 부족하고 연기가 허술하기로 유명했습니다. 참가자들이 경쟁을 심각하게 받아들였기 때문에 좋은 기운을 찾기 어려웠던 겁니다.

요즘 그 축제는 새로운 시각을 갖게 되었습니다. 그들은 여전히 장학금을 제공하지만 심판들이 다른 평가 기준을 세운거지요. 이제 그들은 서로 돕고, 어떻게 함께 연기하고, 어느 지역 출신이고, 그 돈이 누구에게 가장 필요한가를 봅니다. 심지어 상금을 받을 자격이 있는 배우와 팀을 여럿 뽑아 나눠 주기도 해요.

오슬로, 헬레나 아브라함슨

키이스의 조언

키이스 존스톤 - 스토리텔러를 위한 즉흥 12쪽

따라서 나의 조언은 이렇습니다:
· 당신이 관객을 지루하게 만들 때 당신을 쫓아낼 심판을 구하세요.
· 분명하게 이해되기 전에 대중 앞에서 경기 하세요.
· 첫 경기는 아주 짧게 합니다 (당신이 영감에 차있지 않다면, 10분은 엄청나게 길어서 몇 시간처럼 느껴질 수 있습니다.)
· 유머러스하게 실패를 받아들이세요.
· 상처를 보듬고, 기술을 익히고, 다시 빠져드세요.
학교에서는 대중 앞에서 연기하는 게 다른 교실에서 연기하는 게 될 수 있습니다. 점심 시간에 하거나 다른 학교에 도전하세요.

스테이프 브뤼즈 - 독일 함부르크
클라우스 프리이즈

루스무스 씨어터 - 캐나다 캘거리
드보라 아이오지

루스 무스 씨어터 - 캐나다 캘거리
드보라 아이오지

그 밖의 것들

무대 장치

씨어터스포츠™에서만 그런 건 아니지만, 무대는 소품, 가구, 의상 등을 사용해서 연기 환경을 강화해 배우와 장면을 살아나게 하는 예술이다. 좋은 무대 장치나 이를 살아나게 해줄 무대 미술가가 없다해도, 소도구, 모자, 의상, 긴 풍선처럼 즉흥 배우들이 사용할 걸 갖고 있는 게 좋다.

무대 장치로 써포트하는 몇 가지 예:
· 장면에 필요하다면 거실이나 사무실을 창조하라 (만약 테이블이 없다면 의자 세 개에 담요를 덮어 소파를 만들고 박스를 테이블로 쓰라.).
· 레스토랑이나 고고학 유적지를 장식할 수 있는 다른 캐릭터들을 추가하라.
· 다른 배우들이 들어 올려줘 사람이 날게 하라.
· 신체적인 요소를 사용하여 이야기를 강화하라. 가령, 괴물이 짓밟을 수 있는 작은 마을을 손가락으로 창조하라.

루스 무스 씨어터
캐나다 캘거리
📷 케이트 웨어

루스 무스 씨어터의 무대는 톰 램과 숀 킨리와 크게 관련되어 있는데, 그들은 가구를 효율적으로 옮기기 위해 무대 뒤에서 쉽게 찾을 수 있는 물건 몇개로 이미지를 창조하였다. 숀은 "우리가 제공한 물건에서 배우들이 영감을 얻는 걸 보면 기분이 좋아진다."고 말한다.

무대는 강력한 즉흥 교사이다. 무대 담당들은 배우와 장면을 살려 공연을 빛낼 방법을 항상 찾을 것이다. 이런 것들이 즉흥 연기자에게 유익하다.

모든 극단과 팀이 폭넓은 종류의 소품을 쉽게 구할 수 있는 건 아니기 때문에 쉽게 구할 수 있는 물체로 무대를 응용하며 워크샵이 발전해왔다.
여기 몇 가지 아이디어가 있다:
"여행 가방 속 무대"를 훈련하라. (꾸겨 넣기 쉽고 개조가 쉬운 물건으로 가득한 가방이나 상자는 실제로 당신이 갖고 있는 것 보다 10배 많은 소품을 갖고 있는 것처럼 보이게 만들 수 있다. (색깔 있는 단단한 물건은 망토, 스크린, 강 등이 된다. 우산은 나무, 레이다가 된다.) 잘 선택된 소품은 공간을 많이 차지 하지 않는다.
마임 기교를 갈고 닦아 자기 몸이 필요한 물체와 캐릭터가 되게 하라.
가용한 환경으로 다른 현실을 창조하는 연습을 하라.

씨어터스포츠™를 키이스가 의도한
방식으로 하라
데니스 카힐 - 캐나다 캘거리, 루스 무스 씨어터

키이스 존스톤 - 스토리텔러를 위한 즉흥 5쪽

언제든 가능할 때 나는 잡동사니 - 골프 가방, 침대와 침대보, 휠체어, 무대 위에서 노 저을 수 있는 보트 등- 로 가득한 테이블로 배우들을 모은다. 투어 공연을 다닐 때 씨어터 머쉰은 소품실을 습격하곤 했다 - 가령, 비엔나 오페라에서는 헨젤과 그레텔의 거대한 새장을 빌렸다. (그리고 사용하진 않았다.)
'무대 장치'는 담당자들이 공급한다. 그들은 무대 뒤에 숨어있다가 서부극 장면에서는 무대에 풀을 깔고, 천국 장면에서는 호일로 의자를 장식한다. 그들은 (범죄 현장을 만들기 위해) 몸의 윤곽선을 따라 붙인 테이프를 보여주기 위해 카페트를 뒤로 접거나, 철도의 선로를 표시하기 위해 무대에 검은색으로 칠해진 사다리를 놓거나, 체육관을 만들기 위해 무대 한쪽에서 바구니를 들고 서 있을 것이다. 가끔 관객 지원자가 징집되는 경우도 있는데, 나는 50 명이 무대로 올라온 뒤 누워서, 배우가 오리 사냥꾼이 되어 늪지를 뚫고 지나갈 때 꽥꽥 소리내는 걸 본 적이 있다.

공연 코멘트

공연이 끝나면, 키이스는 종종 공연에 대한 코멘트를 준다. 코멘트는 그날 공연과 연기에 대한 것으로 배우들에게는 중요한 참고 자료다.

코멘트는 대개 장면과 공연 두 가지에 대해 주어지는데 핵심은 이렇다:
· 배우들 말이 잘 들렸는가?
· 공연은 다양성을 보여줬는가 아니면 데이트 장면을 세 번 연속 하였는가?
· 배우들은 조명 에어리어에 잘 들어왔는가?
· 장면은 플랫폼의 뒷받침 하에 계속 진행되었는가 아니면 정체되었는가?
· 심판은 경적을 부는 위험을 충분히 감수했는가?
· 배우들은 관객 지원자를 잘 대해줬는가? .. 등

이를 시도해보라:
· 공연 뒤에 다같이 모인다.
· 장면과 기술 요소를 적은 리스트를 다같이 검토한다.
· 간단한 피드백을 나누되 의논하지는 않는다.
· 배우와 동료들을 훈련시킬 수 있는 관점을 가진 연출가를 두어 배우들의 연기가 성공적이었는지 실패했는지 조언할 수 있게 하라. 예: 만약 누군가가 장면에서 자기를 보여주려 했거나, 장면을 통제하고 있었다면 이는 공연 코멘트에서 언급되어야 한다. 그러지 않으면 이 시간은 발전이 없는 단순한 공연의 복기가 될 것이다. 이것이 많은 씨어터스포츠™ 그룹이 놓치고 있는 것인데 이로 인해 그들의 성장이 가로막힐 수 있다.

그 공연에 대한 다른 사람의 견해를 들을 것이라는 걸 이해하라. 코멘트는 맞고 틀리고에 대한 것이 아니다. 그냥 의견이다. 코멘트는 간단하게, 효율적으로 주어져야 하고 토론하지 말아야 한다. 배우들은 무대에서 일어났던 일에 집중해야지 자기 의도대로 되었는가를 신경쓰면 안 된다. 코멘트는 정보와 관점을 제공하기 위해 말로 주는데, 이는 비난하거나 고발하려는 것이 아니라 어떻게 그 장면이 성공 혹은 실패했는지를 지적하려는 것이다.

2 시간 공연에 15분 코멘트면 충분하다.

책임자가 앞에 앉아서 진행하게 하라. 필요하다면 코멘트 시간을 앞으로 옮기라.

코멘트에 대해 언제, 어디서든 의논하라 - 그러나 코멘트 중에 하지는 마라. 그러면 너무 오래 걸리고 불쾌한 감정을 일으킬 수 있다.

코멘트 받아들이기

어떤 사람은 자신의 자아가 무너진 것처럼 반응하지만 이내 이것이 공연을 좋게 하고 배우를 향상시키려는 것임을 이해한다.

기억하라. 코멘트는 앞으로 더 잘 만들기 위한 것이다. 만든 것에 대한 얘기지 배우에 대한 얘기가 아니다.

키이스 존스톤의 스케치

데 안드레 떼아뜨로 - 노르웨이 오슬로
📷 닐스 피터 몰란드

스테이지 히어로즈 - 싱가폴
📷 하이퍼프론탈 프러덕션즈

떼아뜨로 아 몰라 - 이태리 볼로냐
📷 지안루카 자니보니

※ 그 밖의 것들

게임 목록

언익스펙티드 프러덕션즈 - 미국 씨애틀

포맷을 가르칠 때, 어떤 교사는 게임이 씨어터스포츠™라고 말하고 싶은 유혹을 받을 것이다. 이는 사실과 다르다. 게임은 배우와 그들 장면의 성공을 가로막는 행동을 고치는데 사용된다.

게임은 즐겁게 할 수 있고 또한 배우를 성장시킬 수 있다. 깨달음이 좋은 영향을 주면, 배우가 구조적인 안전을 제거하여 더 큰 모험에 뛰어드는 게 더 쉬워진다.

많은 게임이 있고, 어떤 게임은 다른 게임보다 훨씬 유익하다. 유익한 게임은 배우가 상대를 빛내고 자애로운 행동을 하도록, 그리고 실패와 위험을 끌어 안도록 훈련시킨다. 이런 게임은 또한 스토리 텔링 기술도 키워준다. 덜 유익한 게임은 배우를 서로 분리되게 하고 이야기를 해치도록 훈련한다. 그냥 말만하고, 지적인 재미만 주는 게임은 구별하라. 그렇지 않으면 경쟁과 불쾌함이 일어난다. 관객은 웃으면서도 "왜?" 라는 질문을 던질 것이다. 모든 배우가 그 경험을 즐기고 있는지 확인하라.

스토리텔러를 위한 즉흥은 즉흥 기술과 스토리텔링 그리고 씨어터스포츠™에 담긴 정신을 길러주고 개발하기 좋은 게임과 연습을 담고있다.

우리는 키이스의 책을 구해 다음의 연습을 해보길 추천한다:

· 선물 주기 58쪽 훈련
· 한 번에 한 단어 131쪽 훈련과 공연
· 그 다음엔? 134쪽 훈련과 공연
· 세 단어 문장 155쪽 훈련과 공연
· 한 단어 문장 155쪽 훈련과 공연
· 모자 게임 156쪽 훈련과 공연
· 표정 짓기 162쪽 훈련과 공연
· 더빙 171쪽 훈련과 공연
· 죽는 게임 183쪽 훈련과 공연
· 기질 부여 185쪽 훈련과 공연
· 얼음! 186쪽 훈련과 공연
· 구 맞추기 187쪽 훈련과 공연
· 자음 없는 게임 188쪽 훈련과 공연
· 뭐가 없는 장면? 189쪽 훈련과 공연
· 비스듬한 장면 189쪽 훈련과 공연
· 네, 그런데 190쪽 훈련
· 제스처 정당화 193쪽 훈련
· 그가/그녀가 말했다 195쪽 훈련과 공연
· 움직이는 몸 200쪽 훈련과 공연
· 팔 202쪽 훈련과 공연
· 소리 풍경 208쪽 훈련과 공연
· 관객을 지루하게 211쪽 훈련과 공연
· 벽지 드라마 212쪽 훈련과 공연
· 지브리쉬 214쪽 훈련과 공연
· 지위 219쪽 훈련과 공연
· 파티 기질 233쪽 훈련과 공연
· 왕 게임 237쪽 훈련과 공연
· 주인-하인 240쪽 훈련과 공연
· 느린 동작 해설 241쪽 훈련과 공연

게임의 규칙에 익숙해지면 많은 팀이 게임을 어렵게 만든다. 배우가 연기를 잘 하도록 돕는 단순하고 멋진 게임이 결국, 춤추는 푸들과 함께 후프에서 점프하며 연기하는 것 같은 복잡한 임무의 연속이 된다.
숀 킨리 - 루스 무스 씨어터, 캐나다 캘거리

극단 프로젝트 티 - 한국 서울 📷 김현희

끝맺기

마지막 인사

씨어터스포츠™는 관객들이 공연에 전적으로 참여하도록 하려는 욕구에서 만들어졌다. 그러나 이 비전이 결코 근본 목표는 아니었다. 공연 컨셉이 성장하고 발전함에 따라 이 공연이 지속적인 가치를 가지려면, 우리의 삶과 관객 자신의 경험이 장면에 투영되어야 한다는 것이 명백해졌기 때문이다. 그런 장면들이 씨어터스포츠™ 공연의 근본이 되어야 한다.

장면을 적절하게 연기했다면 그 장면을 연기하는 방식보다 그 장면의 내용이 더 중요하다. 특히 씨어터스포츠™는, 많은 사람이 참여하는 거대한 의식이기 때문에 빵빠레 속에서도 많은 이야기가 들리도록 하는 데 더 크게 집중하고 노력해야 한다. 지어낸 이야기를 진실한 척 연기하는 팀에게 환호하는 이 유쾌한 부조리는, 통렬함과 진실함으로 멋지게 상쇄될 수 있다.

분위기가 떠들썩해지면 조용한 순간이 더 큰 의미를 갖는다. 관객들을 웃게 만들면 심금을 울리고, 눈물을 끌어내거나, 관객을 듣게 만들 기회가 생긴다.

일본의 일화

전국 각지의 여러 팀이 모여서 씨어터스포츠™ 주말 워크샵을 하고 있었고 이 워크샵 뒤로 공연이 이어졌다.

그런데 두 팀이 비등해서 마지막 장면으로 승자를 결정하게 되었다. 이럴 경우 많은 나라에서 '운 맞추는 장면'을 선택 하는데 이 컨셉은 일본어 문법과 잘 맞지 않아 그들은 "하이쿠를 하는 최고의 장면"으로 이를 대체했다. 그 결과는 너무나 감동적이고, 즐거워서, 객석에선 한숨과 탄식이 터져 나왔다. 배우들은 전율을 느꼈고, 심지어 일본어를 모르는 사람들도 자신이 뭔가 단순하지만 엄청난 걸 목격했다고 느꼈다.
— 스티브 제런드

할러킨 씨어터, 독일 튀빙겐  하트무트 웜머

ITI에 오신 걸 환영합니다. 여러분의 씨어터스포츠™ 모험에 최고의 행운이 함께 하길 빕니다!

더 많은 정보

즉흥 연기, 키이스 존스톤, 지호
즉흥 연극의 탄생과 발전에 대해 기술하고 있다.

Impro For Storytellers (Faber and faber) 스토리텔러를 위한 즉흥
Keith Johnstone
씨어터스포츠™ 포맷, 배경, 그리고 어떻게 즐길지에 관한 핵심 사항들을 기술하고 있다. 키이스 존스톤의 다른 포맷들과 많은 장면들/게임들/연습 훈련들도 설명되어 있다.

ITI 소식지
온라인에서 매월 간행하며, 기사, 자료, 일화등을 나눈다.
theatresports.org/iti-newsletter 에서 가입하면 된다.

Theatresports.com
자료 탭에 가면 키이스 존스톤의 편지(비번 필요)가 있다. 씨어터스포츠™에만 국한된 자료도 몇 있다.
또한 추천 교사 리스트, 비디오, 책, 기사, 포맷 가이드와 번역등이 있다.

씨어터스포츠™ 핸드북 앱
아이튠즈에서만 이용가능하다.

직접 문의를 원할 때는
admin@theatresports.org
더 좋기는, 여러분 지역의 대표자에게 연락하는 것이다.
theatresports.org/board-members-contact-us

www.ingramcontent.com/pod-product-compliance
Lightning Source LLC
Chambersburg PA
CBHW061155010526
44118CB00027B/2981